内蒙古自治区社会科学基金社会科学普及专项

何为社区 社区何为

何为社区｜社区何为

——新时代社会治理背景下社区新解读

李娟◎著

HEWEI SHEQU SHEQU HEWEI

XINSHIDAI SHEHUI ZHILI BEIJING XIA SHEQU XINJIEDU

中国社会出版社

国家一级出版社·全国百佳图书出版单位

图书在版编目 (CIP) 数据

何为社区　社区何为：新时代社会治理背景下社区
新解读 / 李娟著 . -- 北京：中国社会出版社，2025.1
ISBN 978-7-5087-6984-4

Ⅰ . ①何... Ⅱ . ①李... Ⅲ . ①社区管理－研究－中国
Ⅳ . ① D669.3

中国国家版本馆 CIP 数据核字 (2024) 第 021019 号

何为社区　社区何为：新时代社会治理背景下社区新解读

出 版 人：程　伟
终 审 人：李新涛
责任编辑：姜婷婷
装帧设计：尹　帅
出版发行：中国社会出版社
　　　　　（北京市西城区二龙路甲 33 号　邮编 100032）
印刷装订：河北鑫兆源印刷有限公司
版　　次：2025 年 1 月第 1 版
印　　次：2025 年 1 月第 1 次印刷
开　　本：170mm×240mm　1/16
字　　数：310 千字
印　　张：19.25
定　　价：65.00 元

随着社会主义市场经济的发展和城镇化进程的加快，社区在经济社会发展中越来越重要，社区居民对社区服务的需求越来越多、越来越高。做好社区工作、提高社区服务水平，对提高居民生活质量、扩大就业、化解社会矛盾、促进和谐社会建设具有重要意义。

什么是社区？什么是社区工作？社区对居民来说有多重要？这些问题随着人类文明的发展，越来越受到居民的关注。有人聚居的地方就有社区，社区既是一个浓缩的社会，又是一个扩大的家庭。在社区这个大家庭中，只有每个人都履行自己的职责，社区才能发挥其应有的功能。

怎样才能加强和提升社区工作者的工作与服务水平？这就要求社区工作者坚持以人为本，着眼于居民多层次、多样化的物质文化需求，特别是针对居民最关心、最需要，通过努力可以解决的问题及时提供服务；为社区居民排忧解难，做到公平、公正、公开，清正廉洁，办事公道；坚持群众路线，从群众中来，到群众中去，视群众如亲人，把国家的方针政策不折不扣地传达给居民，同时把居民的诉求反映给上级政府部门，真正起到桥梁和纽带的作用。

2023 年 7 月 30 日，国家发展改革委、民政部等部门印发了《国家基本公共服务标准（2023 年版）》。该标准的制定和出台有利于保障和改善基本民生，有利于推动发展成果全民共享，有利于推进国家治理体系和治理能力现代化，体现了坚持以人民为中心的发展思想，确保人民群众获得感、幸福感和安全感更加充实、更有保障、更可持续。

现阶段，社区工作者一方面承担着传统的行政事务外延工作；另一方面，伴随着坚持以人民为中心的发展思想深入推行，承担着创新发展的工作。社区服务社会化已经迫在眉睫，如何推进社区服务供给侧结构性改革，为社区居民提供多元优质的服务是摆在社区工作者面前的重要议题。

本书采用浅显的语言，阐述了新时代社区工作者应该如何加强工作，如何为当地居民办实事、办好事，因此是社区工作者不可或缺的学习参考书。全书共分九章，分别为社区与社区工作、社区工作的价值观与理论基础、社区工作的实施、社区工作方法、社区组织、社区服务、文明社区创建、社区信息化建设以及社区工作者队伍建设与能力提升。本书具有以下三大特点。

（1）实用性与可读性。本书从社区的工作实际出发，具有实用、够用，可读性高、可操作性强的特点，力求成为社区工作者的案头必备。

（2）全面性与通俗性。本书内容丰富全面，语言通俗易懂，涉及社区服务工作的方方面面，使社区工作者能够轻松掌握和运用。

（3）新颖性与创新性。本书在篇章架构和内容形式方面新颖、创新、独到，并且融合了最新的社区服务理念，具有超前的时代感。

本书得到内蒙古自治区社会科学基金社科普及类专项项目的资助，使书籍得以顺利出版。四川外国语大学肖彦老师提供了精彩的漫画插图，为本书增添了丰富的视觉表现，使学术内容更加生动有趣。郭英楠、邹睿敏、杜江华等同学在书稿的修改过程中也付出了大量心血，为本书提供了重要支持。在此，谨向给予支持和帮助的各位致以诚挚的谢意。在撰写过程中，笔者既对前辈学者的研究成果有所参考和借鉴，也注重将自身的研究成果充实其中。尽管如此，囿于笔者学识眼界，本书瑕疵之处难以避免，切望同行专家及读者提出批评意见。

目录
Contents

第一章

社区与社区工作

社区工作与个案工作、小组（团体）工作并列为社会工作三大方法。什么是社区？社区有哪些特征或特质？如何理解社区并将其作为一种工作对象和领域？本章主要结合国内外学术文献和实务状况，对社区的定义以及社区与社区工作的关系作出说明。

第一节　社区概述

"社区"作为学术概念，可以追溯到近代德国社会学家斐迪南·滕尼斯（Ferdinand Tönnies）出版的《社区和社会》（1887）一书。滕尼斯的"社区"是指在前工业化和城市化农业村落基础上形成的一种社会关系网络或类型，并未特别强调社会组织和自然地域。20世纪前期，美国芝加哥学派社会学家将城市社会群体（组织）作为基本研究对象，"社区"一词特指具体的城镇和乡村地域及其居民（族裔）共同体。从此，"社区"发展成一个重要的学术术语和社会词语。

一、社区概念

社区通常指聚居在一定地域范围内的人们所组成的社会生活共同体①。根据《民政部关于在全国推进城市社区建设的意见》，目前，中国城市社区的范

---

① 周晨虹. 社区管理学［M］. 武汉：华中科技大学出版社，2018.

围一般指经过社区体制改革后作了规模调整的居民委员会辖区。一般而言，"社区"不属于一种正式的行政或地理区划通名，主要泛指由地缘联系而形成的互动群体。

地域社区是与人的阶级性、民族性、宗教归属、团体归属相区别的一种亚社会结构和人际互动关系。共同的生活地域对人们行为方式产生一定的影响：①在共同地域上发生共同的生活利益、环境利益，如对学校、治安等服务设施形成共同需要和依赖；②邻近的居住和工作范围使这里的人结识，产生了感情沟通；③共同的地域也形成文化心理上的投射作用，共同地域中的著名建筑和文化遗产都会增强人们的文化认同感和亲密感。这都说明社区所包含的特定地理空间会使居民跨越职业、阶级、民族和宗教等界限产生互动关系。

社区主要包含以下要素：①具有一定的社会利益联系、参与共同社会生活并达到一定规模的人群；②有一套相互配合的社会组织和生活服务机构；③有比较明确的地域界线；④生活在其中的社会成员在感情和心理上具有一定的认同感和归属感。以上4个要素是相互联系的。社区概念有很大弹性，小到村庄、居委会辖区，大到县（区）、市、省份、国家甚至国际社会，都可能被称为社区。在特定情况下，"社区"一词也被用于指代"功能性社区"，即跨空间地域或非空间性的人群共同体，他们未必居住在同一地域，但拥有共同的特质、背景、利益及需要，如劳工群体、妇女社区、网络社区、移民（族裔）社区等。电子互联网进入人们生活以后，人们用"虚拟社区"来说明互联网上呈现的无地域、无种族、无宗教、无身份、无贫富界限的人际互动形式。这种虚拟社区既反映了人际沟通形式的多样性，也反映了现代社会的人际疏远和孤独。

根据西方学者的研究，认识社区的存在有几个不同的角度：①政治—法律视角。它认为城市、城镇、县等行政区划单元是公众中最普遍的社区概念。社区成员通过选举、纳税和接受公共服务而产生各自的角色、责任和利益。政治学家广泛使用这种社区概念进行理论分析。②地理—空间视角。它着重说明人们自然聚集的地域空间。这种空间地域可能是具有法律意义的行政区域，也可能是不具有行政区划含义的居住区域，如西方国家的城市根据市政服务需要而划分的居住区以及人口统计中的"标准都市区"等。③社会心理方法。该领域的研究说明儿童对社区范围的感受比成年人狭窄，低阶层人士与中上层阶级相比对社区范围的感知更狭窄。

二、社区类型与功能

根据社区工作对象的意义，社区主要划分为地域性社区和功能性社区。根据人类社区转型的时间顺序，社区可划分为农业社区、城市社区和大都市社区；根据主要社会功能，社区可划分为经济社区、政治社区、文化社区、军事社区和居住社区；根据经济功能，社区可划分为工业社区、农业社区、林业社区、牧业社区等。还有学者将社区划分为单质社区与多质社区。根据社区要素发育成熟的程度，社区可划分为初型社区（社区功能不完备、社区意识淡薄）、成形社区（有完善的功能设施，居民认同感与满意度高）等。一般认为，在中国城市社区建设中，存在区、街道和居委会辖区三级社区网络，居委会辖区是最小的社区单元。居委会社区有 4 种划分类型：①按照居民居住和单位的自然地域划分的"板块型社区"；②以封闭型居民小区为主的"小区型社区"；③以职工及其家属聚集区为主的"单位社区"；④以产业功能为主的"功能型社区"（如高科技开发区、金融商贸开发区、文化街、商业区等，从概念上不同于前述非地域性的以特定人群为主体的"功能性社区"）[1]。

按照美国社会学家沃伦（R. L. Warren）的观点，一个社区必须具有一些基本功能，包括提供所需要的基本经济活动（生产—分配—消费）、社会化、社会控制、社会参与和相互支持；在某些情况下，社区可以依赖外来组织执行这些功能。也就是说，从理论上讲，社区必须达到一定的人口规模，有相对完整的社会化、社会控制和生活服务功能，即形成相对完备的教育、商业、治安体系。人口和区域规模太大，居民缺乏相应的联系和认同感，实际上失去了"社区"的意义；人口和区域规模太小，则经济和社会功能不全，无法形成一个完整的社区。

---

[1] 王铭铭. 社区的历程［M］. 北京：生活书店出版有限公司，2021.

三、中外社区的特点

理解中国现阶段的"社区",需要认清其不同于西方国家的基本特征。

第一,中国城乡社区的公共管理具有浓厚的行政色彩。西方国家的城市一般都是市政自治体,基层社区很少设有政府派驻的管理机构,中国自秦代建立乡、里、亭,实行高度的中央集权以来,基层"社区"很少包含西方社会那些地方自治、社会团体或精英人物等独立于国家的因素。西方社会强调社区在很大程度上是针对极端个人主义,用社区精神与个人主义相平衡,或者说强调个人主义向社区主义的升华;中国的文化传统则体现了一种集体主义精神,把国家或民族的大一统体制落实在基层社区单元中。

第二,中国城市社区地理空间的突出特点之一是土地利用的高度混杂。与发达国家规划有序、功能相对单一的城市社区(大部分为居住社区)相比,中国城市社区普遍缺乏街区规划和分区控制,人口居住密度高,职业成分及产业结构复杂,社会流动性强,社区工作或管理的难度也相当大。

第三,中国人传统上习惯于依靠私人和亲属网络解决个人及家庭问题,对社区和社会的依赖程度小。西方社区生活中宗教和慈善组织的特殊作用在中国相对较小,因此,贫困群体多通过节衣缩食、亲友资助应对困境。由于社会整体发展水平的差距,中国城乡居民对社区公共事务的参与机会和享用社区公共服务的水平还是十分有限的。

第二节　社区工作概述

社区工作由社区工作者及其他社会机构参与或组织,通过相应的工作方法和过程提高居民整体素质和能力、创造适合居民生活成长的社区环境。

一、基本概念

（一）定义

在学术界，对"社区工作"一词并没有统一的定义。不同的学者根据各自的重点界定社区工作。

英国学者 P. 鲍多克（P. Baldock）引入"受薪"职业和"集体行动"的观念，将社区工作表述为"是一项由受薪工作人员进行的工作，借以协助居民识别所面对的问题及机会，由居民共同作出实际决定，采取集体行动解决所面对的问题。居民在将决定付诸行动时，社区工作者亦给予支持，以培养居民能力及自我独立"。有些学者则比较强调"增权"概念，将社区工作与人的基本权利密切联系起来。1986 年，H. J. 鲁宾和 I. 鲁宾（H. J. Rubin and I. Rubin）提出，社区工作（社区组织）"是通过协助居民克服及冲破其无能感去解决问题。社区发展主要进行居民增权，通过组织居民，采取集体行动去控制及影响社区的一切程序、计划、决定及有关政策"。

王思斌主编的《社会工作概论》较全面地阐述了社区工作的概念内涵："社区工作是专业社会工作的一种基本方法，它以社区和社区居民为案主，通过发动和组织社区居民参与集体行动，确定社区的问题与需求，动员社区资源，争取外力协助，有计划、有步骤地解决或预防社会问题，调整或改善社会关系，减少社会冲突，培养自助、互助及自决的精神，加强社区的凝聚力，培养社区居民的民主参与意识和能力，发掘并培养社区的领导人才，以提高社区的社会福利水平，促进社区的进步。"

有关社区工作的各种概念内涵和基本定义是相通的，是指以社区及其成员群体为对象、充分依靠居民参与和开发社区资源、注重发现和满足社区需要的社会工作介入手法及实务活动。社区工作作为一种跨群体工作过程或方法，通常不直接解决个人与家庭的社会问题，而是利用社区机构或资源来探明社区中的社会问题，并采取适当的措施解决这些问题。

（二）社区工作、社区组织、社区发展与社区建设的关系

社区工作，也被称为社区组织（community organization）或社区发展（community development）。这些术语既有共同点，也有差异之处。就社会工作学科领域而言，社区工作、社区组织和社区发展可被看作相同的概念，都是指以社区为对象的工作方法或过程。

在欧美社会工作实践中，将社区作为工作对象已经有 100 多年历史。由于各自的传统或习惯，美国多用"社区组织"一词，英国一些学者用"社区工作"一词，中国香港地区则将"社区工作"与"社区发展"并用。从学术概念的起源来看，"社区组织"一词的运用时间较早，主要指工业化社会中社区工作的组织方式和过程。

"社区发展"一词出现得较晚，主要是因第二次世界大战后联合国倡导和推动不发达国家或地区的发展而开始流行的。社区发展的原则方针在很大程度上吸收了"社区组织"的原理和经验。在联合国等国际组织和团体以及许多国家政府（包括地方社区组织）的定义中，"社区发展"并不限于社会工作方法，它们将各自调整社区结构、改善社区状况的种种方案或活动都纳入"社区发展"范畴。其行为主体是这些国际组织、政府组织和社区组织。

中国香港学者甘炳光和莫庆联在分析了社区工作、社区发展和社区组织之间的区别（见表 1-1）后认为，在这三个名词当中，"社区工作"一词的使用较为广泛，含义丰富。从广义来说，社区发展等同于社区工作及社区组织；就狭义而言，社区发展（地区发展）可看作社区工作的工作模式之一。

表 1-1　社区工作、社区发展和社区组织的区别

项目	英国	美国	中国香港地区
社区工作	社会工作的方法之一	较少采用这个名词	社会工作的方法之一
社区发展	第三世界的发展工作及发展中国家的自助计划	社区组织的工作模式之一	等同于社区工作
社区组织	地区组织的联系统筹，合力为社区服务	等同于社区工作，是社会工作的方法之一	社区工作中的一种工作模式

"社区建设"是新时代条件下有关社区发展的代名词,多指政府部门、非政府机构和社区合作而开展的社区发展计划和活动,在不同的国家和地区呈现不同的内容;然而,"社区建设"并不类同于"社区组织"或"社区发展",成为社区工作的代名词或工作方法之一。美国《社会工作百科全书》(第19版)将社区建设解释为"一种有组织的努力,以使较老的和低收入邻里(社区)成为有生产活力的经济体系中自力更生的部分。它通过促进邻里(社区)获得、发展和使用人类的、经济的和机构性资源来满足居民利益,充实了传统社会工作和以社区为基础的介入策略",其主要原则包括:①综合性和整合性发展;②新的合作和参与形式;③有针对性地加强居民参与;④充实社区社会资产。在中国,由政府倡导和推进的社区建设则可被视为社会转型时期具有中国特色的社区发展过程以及社区工作模式。

二、工作目标与介入方式

(一)工作目标

关于社区工作的目标,国外学者曾提出过两分法。美国学者杰克·罗斯曼(Jack Rothman)将众多的社区工作目标归纳为"任务目标"和"过程目标"两类。所谓任务目标,是指解决一些特定的社会问题,包括完成一项具体任务,达到一些社会福利目标,满足某项社区需要等;所谓过程目标,是指促进社区人士的一般能力,包括建立社区不同群体的合作关系,发掘及培养社区领袖参与社区事务,加强对公民事务的了解,以增强解决问题的能力、信心和技巧等。

英国学者托马斯(D. N. Thomas)提出了另一种具有影响力的目标二分法。他认为社区工作有分配资源和发展居民两大目标。从分配资源来看,社区工作是组织居民,就他们日常的切身利益的事情争取合理而平均的资源分配,从而使他们的权益得到保证。从发展居民来看,社区工作可促进公民权的发展,这包括培养基层居民的政治责任感和政治参与性,培养政治意识成熟的居民去影响和监督政党与政府的运作。同时,社区工作可促进社会发展,这是指培养居民的社区凝聚力，增进居民间的交往及增强对社区的归属感，使社区居民觉得自己可为整个社区作贡献。

上述关于社区目标的二分法为全面认识社区工作目标提供了有价值的参考。根据发达国家社区工作的经验以及众多学者的论述，社区工作的目标可分为两个层次：最终目标和具体目标。社区工作的最终目标是提高社区福利水平，促进社区进步。社区工作的具体目标是协助达到社区工作最终目标的途径，包括：

提高社区能力，解决社区问题。这项特定目标强调提高居民的社会意识及培训当地的社区领袖，鼓励社区居民发现社区存在的各种问题，并通过自助和互助解决所面临的共同问题。

发掘社区资源，满足社区需要。这项特定目标在于找出社区真正的需要，发掘或重新分配社区资源，以满足社区需要。

扩大社区参与，实现公民权利。这项特定目标通过提高居民参与程度获得更多资源，使居民实现与生俱来的社会权利，并产生更高的社区认同感和满意度。

协调社区服务，提高工作效率。这项特定目标的对象是社区内的服务团体，通过组织和联系，互相合作，避免服务的重复和浪费。

改善社区环境，改革不良制度。这项特定目标的重点在于环境上及制度上的改善和改变。例如，社会政策或行政程序上的变动，帮助居民认识社区问题的根源及解决这些问题的资源运用和权力分布情况。

在中国社区建设过程中，既提出了并行内容（如社区组织、社区服务、社区卫生、社区文化、社区环境和社区治安），也设计了近、中、远期目标。社区建设不同阶段的目标：第一阶段的工作目标——改革城市基层管理体制，逐步完善街道、居委会的管理服务功能，强化全社会的社区意识，培育和建立与社会主义市场经济体制相适应的社区建设管理体制和运行机制；第二阶段的工作目标——以改善和提高居民生活质量为宗旨，大力发展社区事业，把每个居民区建设成为优美、便利、和谐的文明社区；第三阶段的工作目标——逐步完成城市基层管理体制由行政化管理体制向法治保障下的社区居民自治体制的转变，实现城市基层社区的民主选举、民主决策、民主管理、民主监督，完善社区功能，保证社区的持续发展。

上述目标界定并不相互排斥，它们完全可以共同存在。当然，不同的社区工作者及社区工作机构在不同的时间里可以选择不同的特定目标，以适应社区个别需求，同时也可以对这些特定目标进行细化，使达到目标的操作更方便。

（二）介入方式

在社区工作实践中，各国专业工作者或研究者对社区工作途径与手段有不同的理解或表述。根据各国社区工作的实务经验，社区工作的介入方式可划分为以下三个层次或类型。

1. 宏观实务模式

美国学者罗斯曼根据美国经验将社区工作（组织）实务总结为三大模式：地区（局域）发展、社会策划（规划）和社会行动。随后，罗斯曼与特普曼（J. E. Tropman）又把社区工作实务（包含前述三种模式）与社会政策实务和社会行政实务并列，称其为宏观社会工作的三种实务模式，以凸显社区工作介入方法在社会工作中的地位和价值。有的学者从社区增权视角出发总结的社区工作三种基本模式是传统社会变迁（通过传统的选举政治）、直接行动性社会变迁（通过直接反对或支持行动）和转化性社会变迁（通过广泛的自主教育和学习过程）。

2. 基本实务方法

美国《社会工作百科全书》（第19版）"社区实务方法"一条把常用的社区工作实务方法或模式归纳为以下8种类型：（传统）邻里与社区组织、功能性社区组织、社区的社会与经济发展、社会规划、项目发展与社区联络、政治与社会行动、社会组织联盟、社会运动。各种模式类型又包含不同的社区类型、预期成果、目标群体、支持群体和中心任务。有的学者认为社区照顾亦属于社区工作的重要模式。综观以上各种模式类型可以发现，专业社区工作的切入点呈现多样性，没有完全统一或包罗万象的实践模式。各种模式类型的实践途径有些侧重自上而下，有些则注重自下而上或由里到外（或由外到里），其共同特点在于强调社区（居民）参与，强调社区工作是一个发展过程，主张根据具体条件运用不同的策略或技巧。

3. 微观介入策略和技巧

切克欧文（B. Checkoway）概括了社区变迁的 6 个不同策略：群众动员、社会行动、公民参与、政治倡导、大众教育和地方服务发展。中国香港学者所总结的实务技巧包括分析技巧（背景与问题分析、动力分析、政策分析、社区研究、逻辑性与批判性思考），关系建立与维系技巧（居民联系、团体与政府部门联系），组织技巧（居民动员、居民会议、公共讲演、传媒运用、请愿游行、谈判、游说、社区组织、自助组织、宣传教育、社会网络、社区领袖与志愿者），议会政治技巧（协助确认候选人、助选、监察议员）和行政技巧（服务策划、方案设计、过程与成效评估、经费筹集）五大类数十种。哈德凯瑟（D. A. Hardcast）等所总结的主要实务技巧包括预估、自我应用（assertiveness）、机构、工作小组（委员会/团队）、社会网络、营销、社会行动与倡导、组织行动、社区个案工作等。

以上学术界对社区工作实务模式、方法和技巧的基础性总结，有助于人们理解社区工作实务工具的层次和类型。社区工作者在社区发展中扮演促进者、倡导者、协调者、设计者、组织者、保护者、联络者、鼓动者等不同的角色，因此需要掌握社区工作的相关方法。

三、社区工作的特点与功能

（一）特点

在社会工作创立之初，人们往往把个人问题归因于个人自身，因此就出现了最初的个案工作方法和小组工作方法。后来人们又认识到，个人和家庭的困境受到社会或社区环境的影响，社区也可以作为社会工作的对象；不改善社区条件，不仅难以保障居民的共同利益，而且个人和家庭的困难也无法得到解决。社区工作是适应社区发展及社区人群需要而产生的，有不同于个案工作和小组工作的一系列特征：以社区为对象、从宏观整体的角度分析和解决社区问题、强调居民的广泛参与、任务目标与过程目标并重、广泛利用社区资源、福利性与政治性统一等。

1. 以社区为对象

社区工作是以特定的社区为切入点，通过社区工作者的介入解决社区中存在的问题，满足社区居民不同的需要，改善社区生活，进而促进社区发展。社区工作的性质和目的决定了社区工作的服务对象并不是个人、家庭或团体，而是整个社区。在不同情况下，社区工作往往针对特定地域内的居民群体，工作重点是解决群体所面对的集体问题或居民共同关心的社区事务。

2. 从宏观整体的角度分析和解决社区问题

社区工作对问题的界定常采取宏观视角，认为问题的产生并不在于个人本身，而是与社区周围的环境、社会制度及整个社会有密切关系。社区工作着重分析社区环境及制度如何影响人的相互关系与互动行为，如何限制人的能力，以及如何压制人所拥有的资源及权利。因而，解决问题的方法不是单纯要求个人作出改变或适应，而是要改善周围的环境，改变不合理的制度及政策。

3. 强调居民的广泛参与

社区参与作为社区工作的重要目标、原则和手段，是指社区居民和志愿组织对社区事务的平等、开放和多元化的行为投入。社区工作是许多人的共同工作，而不是少数人或精英群体的事务；社区工作追求最大化的居民参与，向所有社区人群开放；社区参与意味着一种平等、开放和多元化的参与，强调责任、权利的分担，尊重居民的才能发挥和自我实现；居民参与也是一种手法，社区工作通过这种手法达到其他特定的目标，如在房屋、环境、社会福利、青少年服务等方面的发展。

4. 任务目标与过程目标并重

社区工作既强调社区的转变，也强调人的素质和能力的提升。从社区发展的角度看，其任务目标是"发展社区"，改善生活环境及素质，解决社区问题，争取居民应得的资源及权利。其过程目标是"发展个人"，使居民在过程中得到成长，增强居民的公民意识，为社区发展作贡献。在社区工作中，任务目标与过程目标同等重要，假如通过社区工作，只是改善了社区环境，改变了社会制度，而居民素质和能力并未得到提高，就不能说社区工作获得了成功。

5. 广泛利用社区资源

社区工作重视运用社区内的各项资源，相信居民有不少潜力和能力有待发掘及运用，单靠社区工作者自身的能力无法做好社区工作，必须广泛借助社区内的非专业支持网络，如邻居、朋友、亲属及各种社会团体。社区工作强调运用及组织社区资源是改善社区工作的一大手法，这是它区别于其他社会工作方法的特点。

6. 福利性与政治性统一

社区工作是一种福利工作，服务于一些有特别需要的人士，解决特定的社区问题，如发展基础性公共设施、安置无家可归者等。这些社会福利目标的实现，是社区工作得以存在与发展的条件。同时，社区工作也是一种政治工作，具体表现为社区资源与权利的分配、居民合法权益的保障、居民对政府政策的影响等。社区工作的福利性与政治性是一个过程的两个不同方面。

（二）社区工作的基本功能

社区工作与个案工作和小组工作一样，都将着眼点放在帮助有困难的社会成员身上，尤其着重提高其自我生存和发展的能力；而社区工作者在帮助困难者摆脱困境时使用的办法并不相同，社区工作的助人功能主要通过以下方式实现。

1. 预防

相对于个案工作和小组工作的较为直接的救助、治疗功能，社区工作的宗旨在于动用社区力量，间接地为个人和家庭提供救助。立足教育、福利等基础条件的综合治理，达到标本兼治，为个人和身心健康发展创造良好的外部环境，减少使个人和家庭陷入困境的社会因素。社区工作的运用也标志着社会工作从被动救治到积极预防、由服务于个别人到服务于社区和居民整体的发展历程。

2. 福利

近代慈善事业主要表现为私人性、补救性、救济性的服务。19世纪发展起来的睦邻组织运动，为有困难的社区成员提供社会救助和服务。各类社区（服务）中心的成立是社区工作或社区发展的一项重要成果。第二次世界大战后，社会救助或社会福利成为以政府为主、社区和社会团体相互补充的体系。社会福利延伸到职业、健康、文化娱乐、离轨行为矫治等综合性、多样化服务。

3. 参与

社区工作在很大程度上就是一项动员和满足居民参与的工作。社区居民参与主要表现为居民的社区认同意识和自愿参加各种社区活动或事务的行动。一般情况下，社区工作的广度和深度与公共参与程度呈正相关关系。社区工作为居民参与公共事务提供了有效载体，有利于居民满足自我需要，体现自我价值，实现全面发展。居民身份和需要的多样性与复杂性，决定了参与领域与途径的自主性和开放性的统一，从而最大限度地实现了社区增权和创新。

4. 整合

社区整合是各种社区构成要素结合为一个统一、协调整体的过程及状态。社区工作遵循特定的价值和原则，要求社区要素按照一定的秩序，整合为一个具有相对独立意义的社会组织。因此，社区工作的重要功能和目的在于实现社区整合，包括利益整合、资源整合、制度整合、价值整合等。社区整合的基础在于社区构成要素的相互依赖性和社区成员价值体系的相通性。各部分在整体中根据共同利益的需要发挥各自的功能，从而维持社区的合理存在与健康发展。

5. 控制

社会控制本质上是社会对其成员的思想和行为的规范，其目的是形成良好的社会环境和社会秩序。针对现代社会中初级群体和传统社区的弱化，人们主要通过司法、行政及教育等方式维持社会秩序，对个人或集团的行为进行约束。然而，社会控制也包括社区普通成员的充分理解和广泛参与，在社区层面的社会控制不完全靠司法、行政或其他正式组织行为来推行，尤其需要通过居民群众的自治方式（如"自我管理、自我教育、自我服务、自我监督"职能）来实现。

6. 发展

帮助服务对象实现自我发展是社会工作的基本功能。社区工作不仅对于预防和解决生活难题、调整社区资源、规划指导社区环境改善、稳定社会秩序有现实意义，对于提升人的素质和社区发展潜力也具有重要价值。因此，社区工作更注重通过社区教育，促使人们认识自我与社会环境的关系，提高适应社会的能力。社区工作通过干预和影响公共政策，解决社区层面的问题，发展社区各项事业，帮助社区克服各种不利因素，增强自我发展能力。

现代化所带来的问题与其所提供的机会一样大，任何社会或社区发展都会造成新的不平衡或不稳定，因此，社区工作需要在新的条件下不断为社区注入活力。

第三节　社区工作发展历程与时代需求

19—20 世纪初，欧美国家在实现工业化和城市化进程中产生了一系列社会问题，因此，以社区为载体来解决诸多社会问题成为社区工作产生及发展的源泉。20 世纪 50 年代以后，社区工作的范围又扩展至发展中国家农村社区或落后社区。

一、社区工作的历史发展

（一）20 世纪中期以前中国的社区工作

在中国漫长的历史时期，大多数社区是以血缘、地缘与业缘相结合的乡村社区，在自给自足的小农经济社区环境里，出入相友、守望相助、疾病相扶是聚居生活的自然现象，所以，古代社会结构的特征是以生活和生产相重合的家庭为单位，家族、亲友、邻居结为生活共同体，敦亲、睦邻、养老、育幼、济贫、兴学、修桥、铺路，为地方社区兴办事业，基层民众固守于较为封闭的亲友圈子中，自助自治。在中国古代基层社会出现的一些社仓制度、乡约制度、义田制度以及会馆制度，对实施社区自助，强化社区意识，推动社区福利起到了重要作用。

中华人民共和国成立前，中国最有影响的社区工作是 20 世纪 20 年代和

30 年代的"乡村建设运动",这一运动是中国知识分子立志唤起民众、改造乡村、拯救中国的一种实际行动。其中较为著名的有 1926 年晏阳初在河北定县推行的平民教育,试图以经济、文化、政治、卫生四项综合的教育方案,把农村的贫、愚、私、弱四种病症转化为富、智、公、强;陶行知等 1927 年创办南京晓庄乡村师范学校及以后创办江苏宝山师范学校等,主张以学校为中心,改造乡村社区;还有梁漱溟等在 1929 年创立河南村治学院及 20 世纪 30 年代在山东邹平推行乡村建设实验工作。这些乡村建设运动,旨在通过乡村自救运动推动社会发展。虽然由于战争等,这些实践活动没有取得预期的结果,但我们可将它们看作中国现代社区发展和社区服务事业的重要先例。

（二）20 世纪中期以后中国的社区工作

从 20 世纪 50 年代前期开始,国家在城市通过建立单位体制来管理社会成员的同时,也陆续设立了街道办事处和居委会,负责基层社区的行政组织和生活服务。在农村地区,生产合作社、人民公社、生产大队或者乡镇政府及村民委员会共同管理社区事务,促进社区发展。民政部门和青年团、妇联组织在社区工作中也发挥特殊作用。地方政府和社区创造出一些具有中国特色的社区管理和社区服务措施,如"社会帮教""街居集体企业""治保联防""合作医疗""五保供养"等①。由于力图靠政府系统来管理社会,国家成为全部资源的占有者和解决各种社会问题的责任人。社区组织自治性差,社区工作自身的独立性和特点不明显。

与西方一些国家社区工作主要由民间推动、政府配合不同,目前,中国的社区工作仍是在政府部门的领导、推动下开展的。1987 年,民政部启动了社区服务计划。20 世纪 90 年代初期,又提出了社区建设的任务,其核心部分是社区组织建设和社区服务,其他方面则包括社区教育、卫生、环境、文化等各项事业。在社区建设实践中,一些社区服务团体开始将各种专业社会工作手段(如个案工作和小组工作)纳入社区工作范畴。例如,2000 年,上海市浦东新区潍坊新村街道社区工作站引入专业服务模式,为社区居民提供个

---

① 陈新祥,陈伟东. 城市社区工作理论与实务 [M]. 北京:中国社会出版社,2014.

案和家庭辅导、小组活动、青少年课外学习、残疾人康复、老年人照料等服务。

二、社区工作专业教育

社区成为社会工作的实践对象已经有 100 多年历史；但与个案工作和小组工作相比较，社区工作的学术概念、理论和专业教育确立得较迟。

正规社会工作教育机构的历史可以追溯到 1898 年荷兰阿姆斯特丹社会工作学校的成立。在很长一段时间，社会工作侧重补救性危机介入，只重视改变或改善个人及家庭的条件和状况。以美国为例，个案工作和小组工作的方法分别于 20 世纪 20 年代和 30 年代得到确认，而社区工作（在美国通常被称为"社区组织"）、社会行政及社会规划等宏观介入方式没有受到足够的重视。有人认为，这反映了美国社会的个人主义传统以及"补救多于预防"的早期社会工作模式。1939—1945 年，美国社会工作学院协会中的社区组织委员会对社区组织课程的理念、内容与方法等提出了建议。1944 年，"社区组织"被列为社会工作学院的"八大基础课程"之一。1946 年，全美社会工作会议建立了"社区组织研究学会"。1962 年，美国社会工作教育课程委员会明确认定社区组织与个案工作、小组工作并列为社会工作的三大方法。

1947 年，中国有 20 所大学或学院设立社会学系，其中若干大学在社会学系内设立社会工作组或开设社会工作课程，如燕京、沪江、金陵、齐鲁、复旦、金陵女大等高校。中国自 1952 年高等教育院系调整后取消了社会学系和社会工作专业。1980 年以后，中国高等院校开始重建社会学专业；社会工作专业教育也在 20 世纪 80 年代末得到重视和发展。到 2013 年，全国已经有 300 多所高等院校（包括专科和职业院校）设立社会工作专业，培养专业化的社区工作人员成为社会工作专业的目标之一。1994 年成立的中国社会工作教育协会是全国社会工作教育者的专业组织。它将"社区工作"规定为 8 门主干专业课程之一。在职业化和专业化分工日趋严密的情况下，社区工作的理论和方法正在被越来越多的人了解和接受。

三、时代需求与现代社区工作

随着改革开放的深入和现代化的发展，中国城乡出现了对各类社区服务的更大需求。中国城乡居民收入的提高、居民生活消费观念的转变，尤其是大中型城市社区越来越多的人利用业余时间进行学习培训、休闲娱乐等，对社区空间环境和基础服务设施的需求明显增加。2019 年，成都市的一项问卷统计结果显示，社区服务需求程度由高到低排序社区文体活动占比为 82.4%，卫生及保健占比为 79.8%，治安保卫及纠纷调解占比为 78.1%，再就业占比为 76.7%，托老养老占比为 67%，孤寡残疾占比为 66.7%，餐饮维修占比为 62.4%，家政服务占比为 58.7%，托幼服务占比为 58%，物业管理服务占比为 57.3%。

由于人口趋向老龄化、家庭规模逐渐缩小，更多的老年人要求社会化的服务来保障其生活所需；建立以社区居家养老和居家护理为主、养老护理院为辅的新型社区服务模式，将是社区服务发展的重点之一。而城乡普通老人的退休收入偏低，因此需要扩大针对养老事业的福利性、公共性或公益性服务范围。2018 年，武汉市民政局"小程序"的一项大样本调查（回收 45 万份问卷）显示，57.2% 的老人每月退休收入在 1700 元以下，每月退休收入在 1700 元及以上 2000 元以下的老人占 11.6%，每月退休收入在 3500 元以上的仅占 26.5%。在一些经济快速发展的城乡接合部和流动人口集中的社区，治安服务需求十分急迫。

中国广大农村社区在基础设施建设、扶贫开发、环境保护、留守家庭服务、老人服务、医疗卫生服务、文化教育服务等方面的巨大需求，为农村社区服务的专业化提供了发展条件。

第二章

社区工作的价值观与理论基础

专业社区工作与非专业社区工作的不同之处在于：指导专业化实践不仅需要一套专业化的价值观，还需要社会科学理论。本章主要介绍社区工作的专业价值观、专业伦理，相关的基础理论和实务理论以及社区工作的基本原则。

第一节　社区工作的专业价值观

社会工作的价值观和伦理渗透到社区工作实践之后，社区工作对其进行了继承和发展。作为社会工作三大方法之一，社区工作的价值观和伦理具有独特性。

一、基本概念

大多数社区工作者深知价值观和伦理对于社区工作实务的重要作用；但是，很多人却常常分辨不出社区工作的价值观和伦理之间有何区别。下面，笔者分别讨论社区工作价值观和伦理的基本概念。

（一）社区工作的专业价值观

在讨论社区工作价值观之前，首先需要思考什么是价值观。皮更斯（A. Pincus）和米肯（A. Minahan）认为："价值观就是一些人视之为对本身是好的、较理想的信念取向或假设。"他们认为对于价值观，严格来说是没有对与错的，只能说是被接受或不被接受。

具体来讲，社区工作专业价值观是指社区工作者在开展社区工作过程中所秉持的一种认识、一种行动判断依据，它对社区工作的目标、理念、工作态度和方法有指向性作用。就其特点而言，首先，社区工作价值观是抽象的、不可证明的；其次，它是社区工作者选择工作目标的准则；最后，它构成社区工作实践原则的基础。

在具体的社区实践中，社区工作者需要清楚地辨析五种价值观体系，即社会的价值观、服务对象的价值观、机构的价值观、社区工作者的个人价值观以及社区工作的专业价值观。在实践中，这5种价值观体系呈现复杂的相互作用关系，社区工作者在日常工作中必须根据这些不同的价值观来工作。"专业价值观在大多数时候与社会的价值观是并行不悖的，但在重点上、优先次序上或者是诠释上可能会有很大的不同。"如果专业价值观与其他价值观体系有冲突，那么应该优先考虑的是社区工作的专业价值观①。

（二）社区工作的专业伦理

社区工作的专业伦理是从社区工作专业价值观中推导出来的关于社区工作专业行为的规定。它涉及社区工作者专业行为的公正性、积极性、正确性和规范性，必须与社区工作专业价值观协调一致。

社区工作的专业伦理有4种功能：①指明社区工作的核心价值观，并为社区工作者的日常工作行为提供具体规范和标准；②社区工作者在工作过程中遇到某些职责冲突或伦理矛盾时，能够遵循社区工作的专业伦理守则，维护专业原则；③为社会公众提供理解社区工作专业职责的伦理标准；④提供一套评价或衡量系统，用于评判社区工作的优劣，尤其用于裁决专业行为中的不道德行为。

---

① 王健. 社区营造工作指南［M］. 北京：中国社会出版社，2019.

二、社区工作价值观的具体内容

在社区工作发展过程中，社区工作价值观因政治取向、文化背景、时代特点等因素有所变迁。中国香港学者胡文龙、林香生总结指出，社区工作价值观主要涉及以下几个方面：人的价值和尊严、正义和自由、制度取向、平等民主、群众参与、互助合作与互相依赖、社会责任等。下面笔者选择其中一些最基本的进行介绍。

（一）以集体取向的人的价值和尊严

人的价值和尊严以及个人自我选择和自我实现的权利是社会工作包括社区工作的核心价值。社区工作将这一价值观放在"社区"这个具体的社会情境中，通过社区组织和发展来实现人的价值和尊严。社区工作的价值目标是实现"集体增权"。当居民群体认识到他们相互负有责任，并由此创造了未来发展的"社会资本"时，他们便获得了"集体增权"，提升了每个人的价值和尊严。

在具体实践中，这一价值观要求社区工作者始终明确：

第一，社区工作者需要运用自己的知识、价值和技巧帮助社区居民回应社会问题，在这一过程中通过社区组织和发展来实现社区居民的价值和尊严是题中应有之义。

第二，社区工作中的服务对象包括社区或者社区居民都是独特的，有其自身存在的价值。在开展社区工作的过程中，社区工作者应该理解并接纳服务对象，尊重服务对象的尊严和个性。

第三，除了帮助服务对象解决具体问题，社区工作者还应该有意识地为服务对象增权，通过增强其挖掘资源、解决问题的能力，使其能够平等地参与社会生活，进而体现服务对象的价值和尊严。

（二）以制度取向的社会正义

社区工作的宗旨是建立正义的社会。在这一过程中，社区工作重视社会制度对社会成员提供的平等机会和福利责任。所谓制度取向，是指把健全的公共政策视为在现代社会中帮助个体实现自我的合理的社会功能，将机会平等和社会福利看作公民的基本权利。社区工作和社会工作都有制度化的福利取向，而前者比后者更强烈。

这一价值观要求社区工作者开展工作时：

第一，在对问题进行评估时，明白个人的生活处境并非个人本身所能控制，个人、家庭、社区所面临的问题是社会不平等制度的产物，或是社会变迁中某些负面因素所导致的后果；第二，将获得一些基本的生活品（食物、住房、教育和社会参与等）视为每个有需要公民的基本权利，需要国家或社会通过再分配途径加以保证。

（三）以民主取向的群众参与

民主参与体现了人的尊严和社会正义，也是实现人的尊严和社会正义的途径。民主参与具有丰富的社会功能，能提升个人、团体乃至整个社区的政治意识、合作意识和解决问题的能力。

这一价值观要求社区工作者开展工作时：

第一，坚信社区居民的民主权利需要通过社会参与来实现，参与制定涉及其切身利益的政策措施是不同社区成员的基本权利。

第二，要特别注意鼓励和发扬社区成员的参与精神。通过参与，社区居民的真正需要和社区存在的问题才能被真实地反映出来。社区成员的积极参在一定程度上能够提高社区居民的生活质量。

第三，扶助社区中的特殊困难群体，为其建立支持网络，组建互助小组，争取资源，提高他们自身的能力，弥补他们在财富、权利、知识和组织资源方面的不足。

（四）以互助取向的助人服务

社区工作作为社会工作的一种特定服务，也是一种间接服务。它注重社区成员、团体和组织之间的互动交往，强调居民建立邻里关系，强化互相照顾、建立和谐社区的重要性。社区工作认为，建立社区内的互助网络是社区发展的重要环节，通过文化教育和社会活动，能够促进居民对他人的正面态度，提高其对他人和社区环境的关心程度，从而使居民获得强烈的归属感和安全感。

（五）以社会行动取向的工作策略

对制度化的歧视、剥夺行为采取某种社会行动是社区工作的重要可操作性价值或工具性价值之一。

这一价值观要求社区工作者开展工作时：

第一，应成为特殊困难群体的代言人，挑战他们可能遇到的不正义。

第二，应该明确只有通过积极的行动策略，才能达到预期目的，适当运用组织和行政的动员过程维护社区居民的正当利益。

总之，社区工作者在开展介入工作时，必须秉持一种专业价值理念。社区工作的价值观是社会的产物，将随着时代条件和社会情境的改变而变化。社区工作者应当对自己的专业价值观不断进行反思和批判，以便为判断是非和采取行动提供可靠的价值准则。

三、社区工作中的专业伦理

与个案工作和小组工作相比，社区工作实践干预的范围更广，造成的正面或负面影响也更大，因此，各种形式的社区实践都需要专业伦理的指导。

（一）伦理守则

1. 与服务对象相关

社区工作者首要的责任是对服务对象负责；社区工作者有责任让服务对象知道他们本身的权利及协助他们获得适切的服务，且应尽量使服务对象明白在接受服务过程中所要承担的职责与其可能产生的结果；社区工作者应尽可能协助服务对象知晓在某些情况下，保密原则会受到限制，并使他们清楚地知道收集资料的目的和用途。在公开个案资料时，社区工作者应采取必要且妥当的措施，删除一切可以识别个案中人员身份的资料，并尽可能事先经过服务对象及社会工作服务机构的同意；社区工作者不得滥用与服务对象的关系，借以谋取私人的利益；社区工作者不应与服务对象有性接触；如服务需要收费，社区工作者应尽量使服务对象不因经济条件有限而失去应获得的服务。

2. 与同事相关

社区工作者应尊重其他社区工作者、专业人士及志愿者不同的意见及工作方法。对于任何建议、批评及冲突都应以负责任的态度表达和解决；社区工作者应尽量与其他社区工作者合作，提高服务效果；社区工作者应向有关团体报告任何有违专业工作守则而危害服务对象利益的行为，并在有需要时维护那些受到不公正指控的社区工作者；社区工作者应尊重服务对象的选择权，不应在不尊重其他机构和同行的情况下夺取其他社区工作者之服务对象；社区工作者与同行合作之间所作的保密沟通，在未经资料来源者明确同意时，不可向服务对象透露有关其个人资料以外的沟通内容。

3. 与机构相关

社区工作者应向其雇佣机构负责，提供高效的专业服务；社区工作者应付出建设性及负责任的行动，以影响并改善雇佣机构的政策、程序及工作方式，务求使机构的服务水准不断提升，以及使社区工作者不会因执行机构的政策而抵触这份守则；社区工作者在发表任何公开言论或进行公开活动时，应表明自己是以个人身份抑或代表团体或机构名义行事；社区工作者不应在未经其服务机构同意时，利用机构与外界的联系，为私人事务招揽服务对象。

4. 与专业相关

社区工作者从事其专业工作时，应秉持诚实、诚恳及尽责的态度；社区工作者应持守专业的价值观和操守，并提升专业知识和能力；社区工作者对专业提出评论时，应秉持负责任和有建设性的态度；社区工作者不可就其专业资格、服务性质、服务方法及统计成效提供有误导性或不真实的资料；社区工作者应不断提高自身的专业知识和技能水平；社区工作者应协助新入职的同行建立、增强与提高其操守、价值观及其专业上的技能水平和知识水平。

5. 与社会相关

当政府、社团或机构的政策、程序或活动导致或构成任何人陷入困境及痛苦，抑或妨碍困境及痛苦之解除时，社区工作者认同有需要唤起决策者或公众人士对这些情况的关注；社区工作者认同有需要倡议修订政策及法律，以改善有关的社会情况，促进社会的公义及福祉；社区工作者也认同有需要致力于推动社会福利政策的实施；社区工作者不可运用个人的知识、技能或经验助长不公平的政策或不人道的活动；社区工作者认同有需要致力于防止及消除歧视，使社会资源分配更合理，使所有人有均等机会获取所需的资源和服务；社区工作者认同有需要推动大众尊重社会的不同文化；社区工作者认同有需要鼓励社会大众在知情的情况下参与制定和改善社会政策与制度。

（二）社区工作的伦理困境

在社区工作实施过程中，社区工作者会面临许多伦理困境，笔者认为很有必要分析伦理困境产生的原因。

1. 伦理困境产生的前提是专业价值观和道德规范

社区工作在道德规范和伦理价值观方面从一开始就有其特殊性，第一，社区工作的专业价值基础是人道主义与利他主义，至善社会的建立是其目标之一，利他主义是社会工作的本质特征，是关心他人福利的原则，以不求索取、无私奉献为最大特征。第二，社区工作在救助他人、扶助社会特殊困难群体，为人民争取福祉、维护社会公平正义等方面发挥重要作用。所以，特殊道德规范的定位是社区工作的定位所在。在多数情况下，社区工作者在面对伦理困境与困难的时候需要遵循道德规范和专业价值观的指导，而伦理价值与道德规范的相互制约使伦理困境发生的概率大幅提高。

2. 伦理困境产生的诱因是服务对象的特殊性

在社区工作中，特殊困难群体可划分为两类：第一类是生理性特殊困难群体，第二类是社会性特殊困难群体。第一类形成原因是从人体构造的生理方面来说的，如因为年龄大小、患有疾病或者由于社会经济发展因素等，被迫处于弱势地位的群体；第二类则主要是社会原因，或接触融入非主流文化群体，触碰社会道德规范的底线，如吸食毒品、触碰法律、经常性酗酒等，作为社区工作者的服务对象，他们同样是"特殊困难群体"。所以，当社区工作者维护这些大众熟知的"问题群体"的相关利益时，就可能在某些方面与社会的道德规范背道而驰，特别是当"问题群体"利益与大众利益发生冲突时，社区工作者很难调解两个群体之间的利益冲突。虽然能够通过一些沟通宣传方式让大众慢慢理解甚至接纳，但这是一个漫长的过程，也表明了这种矛盾冲突的解决难度之大。

3. 伦理困境产生的根本原因是价值观的冲突

社区工作与价值观有紧密的联系。在实践过程中，价值观由社会、个人、职业价值观三部分组成；但是随着社会文化不同程度的发展，各种价值观的发展速度也不尽相同，导致在伦理价值观方面的判断标准陷入了困境。

首要的是社区工作专业价值观内部的矛盾冲突，社区工作伦理守则和社会工作实务中，社区工作核心价值观的相关规定也会发生冲突，这就让社区工作者再次遇到伦理困境的挑战。比如，尊重生命原则，既要合法地保护服务对象的隐私权，又要避免其他社会成员受到伤害。但是，在保护隐私过程中，如果侵犯他人的人身安全，那么社区工作者就很难作出选择。如果首先选择保护服务对象的隐私权，从长远发展角度来说，服务对象既有发展性的需求，也有基本生存的需求，若选择当前的需求，那么就会与发展性需求产生冲突，所以，这时候社区工作者自然就会陷入伦理困境。

（三）社区工作伦理难题的处理原则

社区工作者在日常工作中经常会遇到不同的伦理难题，需要对这些难题作出正确的伦理决定。拉尔夫·多戈夫（Ralph Dolgoff）等人提出的伦理原则筛查方法（EPS）得到广大社区工作者的普遍认可，为社区工作者作出伦理决定提供了重要参考。一旦遇到伦理冲突，伦理原则顺序将有助于社区工作者作出恰当的考量。

1. 保证生命原则

每个人的生命都是最基本的，也是最重要的。社区工作者应以保证服务对象生命为首要原则，而且超乎其他原则，优先考虑。

2. 差别平等原则

对权利不平等的人，应有不同的对待标准。社区工作者应该视服务对象特质、身份、年龄等条件及所处生活环境，给予最适当的差别待遇，但不论差别有多大，都必须保持平等对待。

3. 自主自由原则

社区工作者应尊重个人自主自由，但对每一个人而言，其自主自由仍具有最低标准，即自主但不可以夺取自己的生命，自由但不可以放纵到伤害别人。

4. 最小伤害原则

当冲突发生时，社区工作者应该选择一个限制最小、最容易恢复到原本生活性能的安置环境。

5. 生活品质原则

社区工作者以维持服务对象基本的生活品质为主。尽量让服务对象维持原有的生活品质，不可因冲突发生而牺牲服务对象生活的安定及水准。

6. 保守隐私原则

社区工作者对于与服务对象接触和服务获得的所有信息以及会影响服务对象的相关信息具有优先保密的责任，以确保服务对象隐私得到保护。

7. 真诚原则

无论服务对象的个性及特质怎么样、遭遇的问题及陷入的困境如何，社区工作者都必须真诚相待，给予协助，摒除个人价值观及理念，尊重及诚实面对服务对象，为服务对象提供服务。

第二节　社区工作的理论

一般来说，社区工作的理论可划分为"基础理论"与"实务理论"两大类。基础理论是揭示"社区"、"社区与社会"以及"整个社会"三个不同层面关系的知识体系；实务理论是关于社区工作实务中的基本原则、具体策略、方针、技巧、模式方法等的知识体系。伊万斯（R. Evans）将上述基础理论和实务理论区别为"实践理论"与"实务理论"。

一、基础理论

社区工作的基础理论，主要指来自心理学、社会学、经济学、政治学、管理学、人类学和历史学等学科的理论。通过这些理论，社区工作者可以更清晰地认识和理解其工作环境。本书选择社区工作较为重要的理论进行具体论述。

（一）系统理论

系统理论是起源于管理学和心理学中的一般系统理论，直到 20 世纪 60 年代才对社会工作产生巨大影响。系统理论对个人和环境的双重聚焦，对众多因素的综合考察，对关联性的重视都被纳入社会工作综合模式，成为主流社会工作实践的基础性要素。在社会工作中，系统理论可划分为一般系统理论和生态系统理论两种形式，此处主要论述一般系统理论。

1. 理论观点

系统理论认为，任何一个系统（如家庭），都会通过系统内部信息交换与回馈，形成一套自我调节的系统，而借由不断地改变，以保持系统的变动性及功能性。该理论包括 5 个重要概念：①输入，资源或能量跨越边界而进入系统。②流通，资源或能量在系统中如何被运用。③输出，系统如何影响外在环境。④回馈，经由与外在环境互动后所回收的资源或信息。回馈机制是一种不断运作的循环机制，回馈的信息也通过循环机制，不断返回系统中，从输出回到输入，借以修正及改进不当的输入，以校正及增强系统的运作功能。⑤生存或灭亡，熵（enlropy），即系统无法获得生存所必要的资源。负熵（negentropy），即系统可获得生存所必要的资源。

一个系统主要包括 5 个基本特征：①稳定状态，它经由接受输入和使用而维持自己；②均衡，系统的整体与各部分，以及各部分之间，存在消长趋势与调适；③分化，系统整体和各部分，以及各部分之间是动态的，亦即不断变迁与演化；④非加总性，整体不仅是部分的总和，整体往往大于部分的总和；⑤交互性，系统的整体和各部分是休戚相关的，如果系统的一部分发生变化，则系统的其他部分也会随之变化。

2. 干预过程与原则

社区工作者在系统视角下的实践，首先，找出服务对象及其与环境的互动中是什么因素导致问题的出现；其次，从服务对象所处的情境出发，看到他们的局限和机会，辨识服务对象和社会工作发挥影响力的可能之处；最后，协助服务对象寻求系统的支持以促进个人和环境的双重改变。从系统的视角开展社区层面的社会工作，需要从以下几个方面入手：

（1）假设社区是一个具有独特结构和沟通模式的系统。

（2）与社区成员一起明确社区系统的边界，以决定系统的范围，确定哪些部分是可以介入的关键性次系统，进而介入关键性次系统，以带动其他相关次系统有效改变。

（3）确定社区与其环境系统的配合程度，协助社区与环境实现最佳调适。

（4）检视社区的沟通系统，分析社区的沟通模式，以及系统接收、储存、处理、恢复信息的方法。

（5）注重运用社区内部以及社区外部的资源系统，包括正式的社会资源和非正式的社会资源。

（6）考察社区对压力具有怎样的回应性，社区系统如何运用回馈机制及自我运作的过程达到正向平衡。

在系统理论中，所有的社会系统都存在横向和纵向的相互作用。社区工作者将这一理论运用于社区分析时，可以研究家庭与学校、社会服务机构之间的关系（纵向关系），也可以研究同一社会服务机构在不同社区之间的关系（横向关系）。

此外，利皮特（R. Lippitt）等人运用系统理论，将社会工作的行动细分为媒介系统、服务对象系统、目标系统和行动系统 4 个体系，帮助社区工作者认识社会工作具体过程。

3. 理论评价

系统理论对社区工作至关重要，它强调社会工作的社会性，注重社会环境的改变，弥补了心理动力理论等应对社会工作时的"社会性"不足的缺陷，促使社区工作者从一个更广阔的社会情境出发理解服务对象的问题并寻求解决方案，从而真正践行"人在情境中"这一核心理念。但是，有学者认为，系统理论只是一个抽象概念架构，为社区工作者提供了思考方式及概念，在实践中难以作为解释性模型，与社区工作实务的关联较少。另外，系统理论过度重视系统中各部分的整合，过分强调平衡，有时并不利于系统的改变且最终不利于问题的解决。

（二）社会冲突理论

社会冲突理论形成于美国 20 世纪 50 年代中后期的社会学界，主要指社会学家对各种矛盾产生的社会冲突所作的一系列理论探讨。主要代表人物有：美国的科瑟尔（Lewis A. Coser）、柯林斯（Randall Collins）、米尔斯（C. Wright Mills），德国的达伦多夫（Ralf Dahrendorf）等。

1. 理论观点

社会冲突理论认为：第一，由于所处的社会地位和经济利益不同，人们对同一问题会有不同的价值评判标准和不同的立场、态度等，因而在采取某种措施改变某一社会现象时，常会引起群体间的冲突；第二，冲突是社会结构的固有成分，旧的冲突得到解决，在特定条件下还会产生新的冲突；第三，由于冲突的持续存在，社会变迁是普遍的和经常的，换言之，社会冲突是社会变迁的强大推动力；第四，解决社会冲突和社会问题的关键在于制度与社会政策，而不在于个人；第五，冲突既有负功能，又有正功能。

该理论主张以交涉、达成协议和使用权力 3 种方法来解决利益与价值分裂问题。交涉，即对立双方就发生冲突的问题进行接触和磋商；达成协议，即对立双方各自作出一些让步，作出双方均可接受的决定；使用权力，即拥有较多权力的一方运用权力掌握控制权，使问题的解决有利于己方。

2. 干预过程与原则

首先，社会冲突理论要求社区工作者对社区中的社会冲突有一个正确的认识。社区作为一个社会单位，存在不同的利益群体，这些群体之间可能存在各种利益冲突和矛盾。社区工作者应该正确看待社会冲突。在一定条件下，冲突具有保证社会连续性、减少对立两极产生的可能性、防止社会系统的僵化、增强社会组织的适应性和促进社区整合等正功能。

其次，社区工作者要认真分析社区中各种社会冲突产生的原因及可能带来的危害。社会冲突理论并不否认某些冲突会破坏社会团结，影响社区正常生活秩序，也不否认它会导致特定社会结构的解体。因此，在社区工作中，社区工作者必须认真分析面对的社会冲突产生的原因，区分冲突的不同类型以及探讨不同类型的冲突对社区、对社区居民以及其他社会群体带来的后果，尤其是可能导致的危害，进而有针对性地寻求解决之策。

再次，社区工作者在设计冲突解决方案时应具体问题具体分析。对于在社区工作实践中面临的各种冲突，社区工作者应该在理论指导下，认真调查、全面分析研究、找出可行方案、付诸实践检验，如此不断循环。

最后，社区工作者需要自觉地体会社区群体所面临的境遇，根据社区工作的目标和性质，有意识地选择不同的冲突策略，即运用冲突、预防冲突或控制冲突（第三方角色）。

3. 理论评价

社会冲突理论比较客观地认识了社会现实，其关于社会冲突的正功能论，对人们认识社会冲突的积极作用大有帮助，并启发人们在和谐社会建设过程中正确处理和谐与冲突的关系。该理论提供了一个分析社区的基本理论工具，社区工作者可以利用这一理论从不同视角分析社区的性质、社会问题的根源，并提出解决问题的办法。但是，社会冲突理论用以分析、评判社会冲突的尺度具有主观抽象性，这大大地削弱了该理论的现实性和时代感，并且与其经验性分析显示出某种程度上的不协调。

（三）社会资本理论

社会资本理论是指社会学、政治学等学科借用社会资本概念来解释经济增长和社会发展的理论研究。"社会资本"的概念最早是由莱达·哈尼范（Lyda Judson Hani-fan）提出的，后经社会学家皮埃尔·布迪厄（Pierre Bourdieu）、詹姆斯·科尔曼（James S. Colema）、罗伯特·普特南（Robert Putnam）等加以发展，成为学术研究和政策讨论的焦点。

1. 理论观点

对于社会资本的本质，不同学者有不同的理解。莱达·哈尼范认为，善良愿望、友谊、同情心和社会交往等都可以被看作社会资本，这些社会资本能使土地、房屋、金钱等有形资产体现更大价值。罗伯特·普特南认为，社会资本指的是社会组织的特征，如信任、规范和网络，它们能够通过推动协调和行动来提高社会效率。甘炳光认为，社会资本可以包括支援网络、公民联系、社会信任、社会凝聚力、互助关系及社会团体的活动等。

社会资本除了具有经济资本的生产性、收益性、规模效应，还具有自己的特性：第一，公共物品性质；第二，使用强化性；第三，不可转让性；第四，可传递性；第五，可转化性。

2. 干预过程与原则

在社会资本理论指导下，社区工作者应遵循以下原则。

（1）社会资本是可以建构的，在社区工作实践中可以诱发社会资本。

（2）社区工作者需要在社区内着重寻找、发动、运用及联结以下4种社区资产去推动社区发展，包括个人资产、社区组织资产、社区团体及部门资产、自然资源及物质资产。

（3）社区工作者应该努力培育、利用社区内外部的社会资本，实现社会资本的可再生，帮助居民构建广泛的社会支持网络，从而增强其抵御风险的能力，实现更大范围内的社区整合。

3. 理论评价

虽然社会资本从概念的提出到理论模型的建构获得了突破性进展，但是该理论本身还存在一些不足。首先，学者们过于乐观地估计了社会资本的积极功能，忽视了社会资本的一些消极作用；其次，社会资本理论是另一种形式的理性选择理论，因而忽视了人类行动的非预期后果、非理性后果、无理性后果的存在；最后，来自不同传统的社会资本的修正主义理论家试图用太少的理论解释太多现象，从而使社会资本的术语和理论流于时髦，不能成为一个严肃的知识和学术领域。

（四）社会支持理论

社会支持这个概念是在精神病学的研究中首次被提出来的，在 20 世纪 70 年代引起广泛关注，并逐渐被其他学科引用。

1. 理论观点

社会支持理论通过研究社会支持网络来考察个体与其生态环境中其他系统之间的关系状态。一个人所拥有的社会支持网络越大，越能够应对来自环境的挑战。社会支持包括有形支持和无形支持。它包括个体所拥有的客观的、物质化的或可以数量化的支持，更强调个体主观上对支持的感受和体验。社会支持是外界提供给个体的，但个体对社会支持的感受度和利用度也可能因为每个人的个性和心理差异而有所不同。

社会支持通常具有四方面特征：①社会支持的提供者为正式的或非正式的社会网络，该网络由不同的社会层次组成，如政府、社区、群体或个人等。②社会支持的接受者大多为特殊困难群体。③社会支持的内容可以是物质上的，也可以是精神上的。④社会支持具有缓解个体心理压力，影响个体行为选择的功能。

2. 干预过程与原则

社区工作的重点是帮助服务对象学习建立社会支持网络和利用社会支持网络，干预的目的是强化个人的社会资源，以增强个人的社会整合度，并且协助个人解决生活中的问题，社会支持网络干预的过程首先从评量服务对象的社会关系网络和社会支持程度开始，然后就其优点与缺点拟订干预计划。

中国的社区支持网络干预工作大致可以分为三大类。

第一类以地域社区为基地，以直接服务为主，是在社区内动员家人、亲友、邻里或志愿者等，建立一支支援系统队伍。例如，动员社区志愿者探访独居孤寡老人，协助他们打扫家庭卫生。

第二类是建立以服务对象本身为主的互助小组，使他们能以自助助人的方式相互支持。例如，癌症患者的互助小组等。

第三类则是社区紧急支援网络，以协助个人或家庭预防突发事故或危机为主。例如，老人紧急互助计划、由警方协助推行的邻里守望预防犯罪计划等。

3. 理论评价

社会支持理论重视个人从人际关系中得到的资源，以及社会系统中各种资源的流通。它能帮助人们从宏观的层次分析问题，从微观的层次介入并解决问题，为困难群体提供全方位服务，在个人或社会矛盾出现后能迅速地作出全面分析并采取相应的措施。因此，社会支持理论指导下的社会实践可以很好地解决个人的社会适应问题和社会发展过程中出现的不协调问题，但它也有局限性。社会支持理论欠缺足够的理论架构，使得干预介入的过程不够明确，不像其他社会工作理论有清楚的干预程序或行动计划，对于个人及社会问题的出现没有充分的理论加以预防。

（五）社会发展视角

基于对现行发展观念的反思，詹姆斯·米奇利（James Midgley）从社会福利的角度提出了社会发展视角。

1. 理论观点

社会发展视角是在新自由主义挑战下，发展和完善起来的一个规范性福利理论。从社会发展视角来看，社会发展是一个旨在改善作为整体人口的福利并伴之以一个动态的有计划的经济发展过程的社会变迁过程。主要从以下几方面考察。

（1）社会发展的过程与经济发展的过程是密不可分的。社会发展要通过将社会发展和经济发展联结起来为社区创造资源，而非仅仅依赖于经济增长。

（2）社会发展是一个动态的过程，该过程包括三个阶段：社会发展寻求改变的既定社会状况、发展过程本身和社会发展目标已经实现的结束阶段。

（3）社会发展的过程是干预主义的。社会发展视角认为，有组织的努力可以带来社会福利的改善，人们可以在特定的社会、经济和政治脉络下憧憬自己的未来。

（4）社会发展目标可由不同的策略推动。这些策略寻求整合社会干预计划和经济发展计划，它们源自不同的信念或意识形态。

（5）社会发展关注作为整体的人群，而不仅仅是有需要的人群，就其范围而言，是包容性的或普遍性的。

2. 干预过程与实践原则

社会发展在社区层面的具体策略主要包括：社区发展和性别赋权的社区发展。

（1）社区发展。社区发展强调地区型组织的重要性，鼓励兴建社区中心，要求吸纳专业人员，致力于社区资源与外部资源的联结。这样地区性的社区发展就可能为提升当地人的福利创造机会，包括提供就业。

（2）性别赋权的社区发展。这包括改变影响女性参与的法律，强化女性对经济活动和社区事务的参与权利，创造女性的合作和自雇机会，提升女性的教育和生产能力。

3. 理论评价

将社会发展视角引入社区工作是一个具有创意的想法，实现了对宏观层面改变的重申，为社区工作提供了更广阔的实践空间；社会发展视角要求将社会政策与社会发展联结起来，实现经济与社会协调发展，这对推动社会层面的变迁具有启示意义。社会发展视角的不足之处在于接受了现有的社会结构和秩序，从本质上讲，它是一种保守的改良主义，是在既定的社会秩序下寻求发展。

二、主要实务理论

社区工作实务模式有多种划分方法，不同的模式背后有不同的理念，目前影响较大的社区工作发展模式有三分法、四分法。由于后面章节会对社区工作实务模式作详细论述，笔者在此只作简要介绍。

（一）罗斯曼的实务模式

1979 年，罗斯曼整合了美国社区工作界的各种实务理论，总结出了三大实务模式：地区发展、社会策划以及社会行动。地区发展以社区建设为重，同时关注社区能力和社会整合；社会策划以专家为指导、以数据为基础、以解决问题为导向；社会行动的倡导和推动，以根本性改革和社会公平为己任（见表2-1）。

表2-1 罗斯曼1979年社区实践模型

地区发展	社会策划
社会行动	

1987年，罗斯曼修订了他于1979年提出的三大模式，进而倡导三套宏观实务观点。罗斯曼思路的改变，适应了当时政策分析方面的理论发展，同时也是针对政府行政权力膨胀的现实。他将"观点"界定为广泛的取向或策略方向，将"模式"定义为较细致、具体及内部贯彻的工作方案。在此基础上，他提出"政策实务"及"行政实务"两套全新的实务观点，而将1979年的三大模式归于"社区组织实务"之下（见表2-2）。

表2-2 罗斯曼的宏观实务模式

项目	社区组织实务	政策实务	行政实务
改变策略及技术的特征	因应不同模式而定	共识或矛盾取向 调动政治权力	运用正式权威
社区工作者角色	(a) 使能者 (b) 资料收集者 (c) 行动策划者	政策分析者 政策管理者	督导者 行政人员
促成改变的媒介	(a) 邻里 (b) 数据 (c) 行动组	决策小组，如董事局或执行委员会 拥有政策实权的权力架构	社会服务机构
对权力中心的理解	(a) 雇员 (b) 联盟者 (c) 抗争对象	在权力中心以外的监察者	行政架构作为权力中心
对服务对象的理解	因应不同模式而定	精英参与者将积极参与决策	服务对象是消费者或顾客

注：(a) 地区发展；(b) 社会策划；(c) 社会行动。

（二）杰佛瑞四分法

在罗斯曼模式的基础上，杰佛瑞（Ann Jeffries）提出了社区实践的四模式，将罗斯曼的地区发展和社会策划两种模式重新命名，同时将社会行动划分为"非暴力直接行动"和"社会运动"（见表 2 - 3）。

表 2 - 3　杰佛瑞模式

能力和意识的提升	促进伙伴关系
非暴力直接行动	社会运动

这一模式的具体内容如下：

能力和意识的提升。从邻居个人关怀开始，进而转向培养和发现社区群体的技能与能力。这一模式要求社区工作者具备人际、教育和团队工作的能力与技巧。

促进伙伴关系。社区工作的重点在于通过社区发展合作，从而培养社区的自我运用能力，不再单一地侧重于提供便利服务。

社区成员树立信心之后，可以通过非暴力直接行动的组织模式来引起当权者的注意。这一模式不同于社会运动。

社会运动。不仅围绕单一问题进行组织，还是一种激进的变革导向的社会行动，用大规模的群众动员寻求社会公平，提倡社会生态学意识。

第三节　社区工作的基本原则

社区环境各有不同，社区事务千变万化。社区工作者在着手社区工作之前，必须认识和理解社区工作的基本原则，然后根据基本原则来选择或制订具体的工作计划。所谓基本原则，是指由社区工作的客观要求和基本目标所决定的在开展工作时必须遵循的准则。

一、以社区发展为主要目标

在社区工作实践中，以社区发展为主要目标的原则体现为不同的策略。

第一，以解决社区亟待解决的社会问题为目标。认识社区中存在的社会问题及其原因，通过社区工作或社区组织手段缓解或解决这些社会问题，从而达到社区发展目标。

第二，以人的发展为目标。在社区工作中，人的发展比社区的物质建设更重要，因为只有居民对社区事务有参与感和责任感，建立持久的集体力量，才能影响政策的制定和社会资源的分配，社区的改变和发展也才能实现。因此，社区工作者应当特别重视对居民知识素质和参与意识的培养。

第三，以社区能力建设为目标。社区能力建设是指促进各种社区"资源—资产"的增长，体现了社区工作的新视角、新策略。社区通过教育、整合等手段，丰富组织资源，积累无形资产和有形资产，增强社区自我发展的内驱力和能力。

第四，以集体增权为目标。"集体增权主要产生于居民所获得的相互责任感"；通过社区集体行动，居民增强了社区联系、归属感和义务感；这些联结要素最终形成"社会资本"，使居民的工作更有效率，从而促进社区的发展。

二、根据实际条件制订工作计划

首先，社区工作是有计划的社会变迁或社会行动，必须根据特定的社区背景和条件制定工作策略。不同的社区有不同的需要和发展目标，不同社区居民的职业背景、活动能力及生活方式有很大差异。社区工作者应该充分认识所服务的社区，因地制宜地制订工作计划和策略。

其次，从社区工作的过程来看，社区工作中各个阶段工作方法的选择都不能脱离具体的主客观条件。推动任何社区发展项目都必须考虑几乎全部社区要素，这就要求社区发展的任何计划都应是综合的、涉及诸多因素的。

最后，社区工作开展过程中要分清轻重缓急，制定目标优先次序，根据实际能力和条件来制定目标、选择方式、评价成果。

三、强调社区参与

社区工作作为一种有计划的集体行动，必须重视社区参与。社区参与既是社区工作的重要目标，也是社区工作的基本手段。有了社区的广泛参与，社区工作者才能真正了解社区的现实需求，从而使开展的各个具体项目具有较强的针对性，产生较好的社会效益；才能逐步培育社区归属感、认同感和现代社区意识，使社区自身的各类资源得到有效整合和充分利用。

社区参与并不是指所有的、全部的社区居民都来参与社区事务的议定和处理，而是指社区内不同阶层、不同组群的居民都有同等的机会参与社区事务。包容性的社区参与倡导不同性别、不同年龄、不同民族、不同层次的成员共同参与社区事务，尽可能实现广泛参与。社区工作者应当特别注意动员式居民参与和自主式居民参与之间的联系与区别，通过培育、引导、组织、服务等多种手段，发展自主式参与。

实现居民参与的具体过程包括根据居民意见自下而上制订工作计划，由居民从事或组织社区发展项目和相关活动，将社区居民的参与率、认同感和满意度作为评估社区工作效果的基本指标等。

四、尊重社区自决

增强社区自主能力是社区工作的基本目标之一，因此，社区工作者在工作过程中要始终尊重社区居民的意愿，让居民自己选择和决定社区的改变方式与行动。在贯彻社区自决原则时，要注意以下两方面内容。

第一，社区自决意味着社区居民是解决社区问题的主体。

社区工作者应该清楚地认识到，承担解决社区问题责任的是社区居民。只有社区组织和居民，才能够真正了解社区问题的根源以及切身需求和具体利益。在社区工作过程中，社区工作者要遵守社区自决原则，无论是对人还是对事都不肆意支配和控制，不勉强社区居民接受社区工作者的意见和看法，不以社区工作者个人的价值观和偏好左右社区居民的行动。

第二，社区自决并不是说社区工作者可以对社区居民的问题采取袖手旁观的态度，不给予任何意见和引导。

社区居民因为社会环境、素质能力及信息等因素的阻碍，有时意识不到解决问题可以有多种途径。如果在这种情况下让社区自决，实际上是社区工作者在推卸责任。社区工作者要协助社区居民了解社区的真实情况，帮助社区居民发掘可利用的相关资源，要帮助社区居民了解不同选择的可行性及其后果，确保社区居民经过充分考虑后，从多种可能性中选出最适合本社区的一种。

五、整合资源，开展广泛合作

社区发展需要广泛的团结合作，协力解决非少数人所能解决的问题。这不但包括与社区组织和居民之间的合作及协调，与社区内政府部门的合作，也包括社区同外在环境的协调，特别是同资源占有者的合作。

社区工作者需要从共同利益和共同需要出发，有计划地引导社区内的居民与组织共同参与，合理地利用社区资源和外来援助，改善社区的经济、社会与文化的状况。社区合作是指社区内外组织和资源的整合。广泛合作既是对社区组织关系的一种重建，也意味着对社会资源的分享。社区工作者应当积极通过组织工作和社会服务，推动团结合作、抑制破坏合作的制度与规范，将相对分散存在的组织力量和资源汇成合力，加速社区整合和发展的进程。

以上原则规定了社区工作的主要目标、策略、方法和过程。这些原则之所以被社区工作普遍接受，是因为它们建立在一些基本的假定之上。默里·罗斯（Murray G. Ross）总结了这些相关的假定：①社区居民能够发展解决自己问题的能力；②居民能够接受变化，也希望变化；③居民应当参与推动、调节、控制自己社区中所发生的主要变化；④自愿接受和自我发展的社区生活变化具有强加的变化所不具备的意义和持久性；⑤"综合方式"能够成功地解决"单一方式"所不能解决的问题；⑥民主要求居民对社区事务的合作参与，居民必须学习相关技能；⑦正像很多人需要解决他们的个人问题一样，社区也需要组织起来解决自己的问题。

第三章

社区工作的实施

社区工作是一个解决社区问题、满足社区需求的过程，包括一系列的工作方法、原则、模式及应用技巧。社区工作的开展是一个循序渐进的过程。从与服务对象建立专业关系到制订服务计划，再到具体的实施，社区工作都有其符合规律的程序。

第一节　社区工作的方法与原则

社区工作的服务内容与要求之一就是推动社区发展，而有效地推动社区社会发展需要运用科学的方法、坚持正确的原则。

一、社区工作的方法

（一）建立专业关系

1. 推行全社区性活动

社区工作者初到社区，为了让社区居民对社区机构及社区工作者有所了解，可以举办一些投入少、产出多的全社区性活动，让所有居民有机会初步接触社区工作者，社区工作者可以在这些活动中亮相，介绍机构的工作，建立工作团队的形象。这些活动虽然不能深化社区工作者与居民的关系，但由于其接触面广，因此是一个建立机构与社区工作者初步印象的有效方法。如果社区工作者在这些场合经常亮相，就可以有效缓解日后走访工作中社区居民因陌生而产生的冷漠与疏离。

2. 举办普及性活动

工作团队可以举办一些大众化的活动吸引社区居民参加，如家庭旅行、保健知识讲座等。这些活动以体现文体康乐性为主旨，虽然不及小组工作深入和持续，但人人乐于参与，而且在建立社区工作者与居民的专业关系方面，比电影晚会等大型活动更深入集中，是其认识居民的有效方法。通过这些活动，社区工作者不仅可以知道参与者的名字，而且能够了解其家庭状况。对于社区内的不同群体，如青少年、老年人、单亲家庭及失业和享受社会福利救济的人士等，社区工作者应根据不同的对象举行上述不同的普及性活动，与他们建立关系，为进一步组织他们参与社区活动创造条件。

3. 设立街头咨询站

为深化与居民的关系，社区工作者可在街头或固定场所设立服务工作咨询站，准备一些展板、宣传资料及服务申请表格，在社区人口流动集中的地点为居民办理登记手续，当场回复居民的咨询。该方法的优势是能够为居民提供实质性帮助，并且留下愿意进一步关注问题的居民的联系方式，方便日后社区工作者进行家访或组织他们参与活动。

4. 以居民迫切需要解决的社区事件为契机介入社区

社区工作者介入社区时，往往会遇到一些亟待解决的社区事件。如果事件无须大规模地调配资源，也无须政府政策的调整，社区工作者判断在短时间内经过努力便可以取得成效，如加强社区治安措施、改善社区内交通状况等，社区工作者可以介入事件。介入居民迫切需要解决的社区事件可以深化双方的关系，也能使居民看到社区工作者是真正关心他们，对日后组织居民参与社区工作和活动大有裨益。如果社区问题不太迫切，解决起来又相当复杂，社区工作者应在建立关系以后，再决定是否介入。

（二）收集社区资料

收集社区资料的方法有两种：定量方法和定性方法。定量方法主要有问卷法；定性方法主要有访谈法、观察法、文献法等。

1. 问卷法

问卷法是国内外最常用的社会研究方法，当然，也是社区调查中最常用的方法。问卷是基于一定的理论假设设计出来，并由一系列变量、指标所组成的一种收集资料的工具。问卷法基本上都采用标准化问卷，即按统一规范和要求来设计问题，所以问卷法是一种标准化的调查方法，可以量化。上述特点决定了问卷法适用于大规模的社会调查，便于进行定量分析，可以节省大量的人力、物力、财力。其缺点也很明显，主要表现为，很多时候，社区工作者进行的问卷调查缺乏专业知识，政府及其他人士会对这些抽样调查是否科学、问卷设计是否过于具有引导性提出疑问，以致调查结果的有效性经常受到攻击和质疑。因此，社区工作者要做好问卷调查，使调查结果客观、科学。

2. 访谈法

访谈法是访问者通过和被访问者口头交谈来收集资料的一种方法。其优点在于访问者能根据双方的互动情境，通过问、听、观察，对问题有更多、更深入的了解。缺点是访谈结果不能作定量分析，访谈质量受访问者的素质影响较大，难以把握且难以保证材料的真实性，也不适宜大范围使用，需与其他方法结合使用。

3. 观察法

观察法是调查员直接参与观察研究对象，而将观察所得的结果详细记录下来的一种调查方法。其优点在于能够突破研究对象的文字、语言表达能力的局限，获得真实、详细、生动的资料，是社区调查中一种常用的方法。缺点在于：第一，该方法只适合正在发生的社会现象的调查，对已发生的社会现象则无能为力；第二，该方法只适合小范围调查，并且费时费力。所以，应同其他方法配合使用，取长补短。

4. 文献法

文献法是利用各种文献资料对研究对象进行研究的一种方法。文献的形式很多，有书面的，如会议记录、法庭记录、信件、日记等；有听觉层面的，如录音等；有视觉层面的，如相片、视频等。

文献还可分为第一手文献和第二手文献。前者是指那些直接与研究对象有关的文献——法庭记录、回忆录、自传及报告；后者则指已经过出版及整理的上述第一手资料。

（三）社区人力资源开发

1. 社区骨干的开发

社区骨干是指能够抓住团体希望和要求的实质，代表团体意愿为团体行动提供意见和方向的核心人物。一个好的社区领袖通常具有以下特点。

（1）热爱人群；

（2）易交朋友；

（3）善于聆听；

（4）易与别人建立良好的人际关系；

（5）勤奋工作；

（6）乐于助人；

（7）表达能力强；

（8）思想开放，视野广阔，敢于创新，严于律己，具有历史感和前瞻性；

（9）勇于面对困难，善于处理压力；

（10）自我认同感强。

2. 志愿者的开发

（1）招募志愿者的价值。

社区工作需要很多资源，政府用于社区服务和社区建设的资源是有限的，但社区和社会中蕴藏着巨大的人力和物力资源。因此，开发社区和社会的志愿者是社区工作的重要内容，也是社区工作者的一项重要职责，同时还是志愿者实现人生价值、提升生存意义的有效途径。

（2）招募志愿者的方法。

志愿者介绍。志愿者可以与身边的亲友分享宝贵的服务经验，这样更能树立典范，鼓励更多人加入志愿者的行列。

举办志愿者训练课程。有关机构可通过举办各种形式的个人及团体训练课程，引导和鼓励不同年龄人士，包括青少年、青壮年及老年人参与志愿者工作。

活动推广。社区工作者在会议、职员聚会及学校演讲等活动中，介绍志愿者工作，并配合一些服务机构的宣传单，派发给参与者参考使用。这有助于确认志愿者工作的价值和志愿者的贡献，从而吸引更多人参与志愿者服务。

对外宣传。社区工作者利用大众传播媒介（包括电视、电台、报纸、刊物）、海报、展览及车身广告等各类形式，广泛推广志愿者工作及宣传志愿者招募信息。

举办志愿者招募活动。社区工作者在地区层面举办定期的志愿者招募活动，并配合对外宣传工作，在街上设立志愿者招募站，派发宣传招募单，为有兴趣参加志愿者工作的居民及时办理志愿者登记手续。

印制志愿者服务资料册。资料册包括志愿者工作意义，志愿者的权利、角色和责任，以及现有的志愿者服务机会及机构名单，并附设志愿者登记申请表，提供简易登记手续，社区工作者让有意愿参与志愿者工作的居民及时填写。

运用互联网及电子邮件。社区工作者在互联网上提供志愿者工作的网页，详列服务性质、一般服务机会、福利团体、机构资料等各项信息，并鼓励志愿者及有兴趣参与志愿者服务的人士在网页上进行交流，总结做志愿者的心得。

二、社区工作的原则

社区工作的原则表现在以下几个方面。

注重以人为中心的发展目标：要认识到人的发展比物质的发展更重要，社区发展应以社区的共同需要和根本需要为主，社区服务方案应包括含有情感内容的活动。

根据具体情况策划工作步骤：要有完整的、多方面的多种专门性计划；制订多目标计划，促使社区各方面配合行动，以利于社区全面和均衡地发展。

强调成员的自主参与：社区成员最清楚社区的问题和需要，自主参与会使他们感受到自己的价值和能力，而他们应该对社区承担责任。因此，社区工作者要组织社区成员，将社区事务交给他们承担；社区各种计划的拟定和执行均要有社区成员参加；注重发掘、运用和训练各利益团体都能接纳的社区领导人才。

充分开展组织工作：充分考虑社会组织的不可或缺性；组织居民采取共同行动；动员社区内部资源以实现社区自助，争取外援但又不完全依赖外援。

注重社区参与的广泛性及包容性：让不同阶层和团体的人士都有机会参与社区事务。

注重协调发展：要有被普遍接受的目标与工作方法，工作步调应与社区发展水平协调一致，社区组织内部和社区组织与社区之间应进行主动、有效的沟通，社区发展应与国家、地方计划相协调，社区的物质与精神、经济与社会应协调发展。

尊重社区自决：不可强迫社区成员接受社区工作者的意见，而要由社区成员自主选择和决定改变的方式与行动。社区工作者在此过程中协助他们界定需要，指出解决问题的方法，一起讨论和交换意见。

采取民主和理性的行动方式：社区工作者在制定目标和策划行动的过程中，不受利益集团控制，社区成员参与决策，并依据一些共同制定的规则运营，悉心培养他们的民主精神和理性精神，实践民主作风和处事态度，遵循民主的组织方式和治理原则。

注意预防性工作：对社区的局势和发展作出科学判断，努力在事件发生前就做好预防工作，以降低工作成本。

在推行实务过程中，社区工作者必须在把握其社区工作原则的基础上，充分根据不同社区的具体情况和时代特点，发挥多元角色作用，体现实践智慧，努力保证社区工作的顺利进行。

第二节　社区工作的模式

从社区工作实践来看，社区工作模式主要有美国学者罗斯曼在总结美国社区工作实践经验的基础上提出的社区工作三大模式，还有 20 世纪 50 年代在英国发展起来的社区照顾模式，以及顺应时势和社会发展需要而出现的社区教育、社区组织等。在实际工作中，社区工作者通常会根据不同社区的实际情况和不同场合，选择一种或综合使用几种模式开展社区工作。本节主要介绍社区发展模式、社区策划模式和社区照顾模式。

一、社区发展模式

社区发展模式是通过社区工作者的发动和协助，调动社区居民参与，开展互助合作，加上上级政府和外界机构组织的协助与支持，动员社区内外资源，解决社区问题、满足居民需求的一种工作模式。

(一) 社区发展模式的基本假设

社区发展模式的基本假设主要体现在"和谐"与"潜能"两方面。基本假设主要包括以下几方面内容：一是为了共同的目标和共同的利益，社区居民愿意参与和合作，并能达成共识；二是社区问题的成因在于人际关系冷漠，缺乏相互了解、坦诚沟通；三是社区本身存在解决社区问题和满足社区需要的潜在能力与力量，但这种潜能没有被激发出来；四是社区可以组织并采取集体行动解决问题，推动社区的整体发展。

(二) 社区发展模式的介入目标

一般来说，社区发展模式的介入目标可以分为任务目标和过程目标。任务目标就是解决社区共同面临的具体而实际的问题，或者完成某一特定的、具有实质性内容的社区工作项目。通常来说，社区发展的任务目标主要包括社区经济建设、社区公共基础设施建设、社区社会事业发展、社区文化教育发展、社区生态环保建设等。过程目标是指各种社会网络的重新确立，以及长期的制度和社区组织的建立。社区发展的实质是帮助社区培养一种能力，去做社区想做的事情。因此，提升居民自主互助、民主协商、采取集体行动解决问题的能力，是最重要的过程目标。社区发展模式强调过程目标依托任务目标来实现，两者相辅相成、互相促进。

(三) 社区发展模式的特点

1. 共同应对社区公共事务

基于对社区现状的理解和对社区问题及需求的成因分析，社区居民是孤立的，缺乏良好的人际关系与共同解决问题的诉求，因此，社区发展强调共识，即社区内不同的个人、团体和组织之间通过充分讨论与沟通，达成共识，建立社区自主能力，共同应对社区公共事务。

2. 社区内广泛的参与和合作

社区发展模式认为，虽然个人行动是理性地追求个人利益的最大化，但是只要能够在集体行动中照顾个人的需要和动机，并且培养集体认同感、归属感和凝聚力，个人就会在情感层面和价值层面参与社区活动，并作出自己的贡献。也就是说，为了共同的目标和共同的利益，社区居民和组织可以通过沟通、协商，达成共识并采取集体行动。因此，社区工作者应用社区发展模式开展社区工作时，一定要想方设法调动社区居民最广泛地参与和合作。

3. 过程目标重于任务目标

社区发展模式以一定任务目标的完成为基础，但更重要的目标是致力于居民社区意识的形成、共同解决问题的能力的提升。社区通过加强居民之间、居民与组织之间以及组织之间的联系、参与和合作，重建社区新型人际关系和社区支持网络，培养居民的主人翁意识和公民责任感，增强居民对社区的认同感、归属感，提高社区凝聚力。

（四）社区发展模式的工作策略

社区发展模式的工作策略在于"把所有人团结在一起，然后讨论、决定"，以协商一致为主，避免冲突和竞争。针对不同的社区，可以采取以下具体措施：①采取社区宣传教育手段，通过多种形式的主题教育活动，帮助居民学会运用社区资源改善社区环境，增强对社区的认同感和归属感。②通过文艺演出、各类比赛、兴趣小组等方式，创造机会促进居民之间的互动交流，改善居民之间冷漠、孤立和疏离的状况。③通过召开会议、组织讨论、制定社区居民公约等方法，促进邻里团结与和谐，增强居民处理社区公共事务的能力和责任感。④推动协商、互谅、互助、包容、合作，建立社区支持网络，整合社区内外资源和力量，增强社区运用自身力量解决问题的能力。⑤发动、动员社区居民，发现、挖掘和培养社区骨干，成立不同的居民小组或社区组织，发挥社会功能，推动社区发展。

（五）社区发展模式评价

社区发展模式为社区工作者开展社区服务提供了科学的理论依据，在当前的社区建设中具有极为重要的作用和价值。该模式的优点在于：它是一种人本主义的工作方法，以发展社区合作解决问题的能力为根本，强调社区自助自决，强调居民及团体的合作互助，着重沟通、合作及民主参与，工作方式温和，比较契合中国的文化传统。其也存在以下缺点：其一，民主参与导致的成本效益过高，需要经过较长时间才可以看到明显改变。其二，它假定社区内有兴趣和愿意参与的人可以通过共同工作来改善社区环境，但事实上，很多时候，社区所面对的问题都不是单从社区层面就可以解决的，也就是说，它无法解决制度和体制等深层次原因造成的资源分配不均的问题。其三，社区发展模式还存在对社区不同利益群体的调和手段乏力、效率不高等问题。

二、社区策划模式

社区策划模式强调的是专业人员的参与、科学和理性的规划，视社区的发展为一个有计划的社会变迁过程，采用自上而下、多由行政安排和组织的工作方式，关注社区的整体结构和功能建设。

（一）社区策划模式的基本假设

社区策划模式的基本假设突出地表现为"理性"，主要包括以下几个方面：①假设社区需要依靠专家精心地进行规划设计及专业社区工作者提供服务，才能有效解决问题；②专家和机构的工作人员能够充分了解服务对象的需要；③服务对象是服务的主要受益者，他们的需要应该且可以得到满足；④机构可以使社区里有需要的服务对象接触并享受它的服务；⑤社区工作者在设想、计划和推行活动或服务的过程中扮演技术专才的角色；⑥社区工作者能够联系、协调和调动社区资源以协助解决社区问题。

（二）社区策划模式的介入目标

社区策划模式以现实问题的解决为目标取向，介入目标主要是完成具体任务，强调运用理性的方法、采用各种规划技术解决社区面临的一系列问题，如精神健康照顾、城市规划、住房等。一般来说，社区策划模式的介入目标可以分为任务目标和过程目标两种。在社区策划模式中，任务目标是解决实质性的社区问题，包括社区建设范围的规划目标、社区组织建设的目标、社区建设管理体制和运行机制的规划目标、社区服务项目的规划目标、社区建设人员队伍的规划目标等。过程目标是收集和分析资料，以及系统分配时间和动员资源等。社区工作者应该直面社区问题，深入调研，设计可行性方案，指导和带领社区齐心协力实现预定目标。

（三）社区策划模式的特点

1. 注重任务目标的实现

社区策划模式注重任务目标的实现，以解决实质性社区问题为主要工作取向，解决问题的有效途径是专业技术人员的参与。在社区策划模式中，当社区工作者关注的社区存在多重问题时，这些问题需要按优先次序排列，逐一解决。

2. 推动社区自上而下地改变

社区策划模式通过运用专业技术人员的知识、科学的决策能力及权威自上而下地介入、推动及策划社区改变。在社区策划过程中，社区工作者居于主导地位，是计划的制订者和行动方案的设计者，居民处于从属地位，居民的行动受社区工作者的指导和制约。

3. 关注社区未来变化

社区策划模式需要通过分析当前和过去的资料，预测将要发生的事情，并设计应对方案，其主要目的在于尽量降低社区未来变化的不稳定性。

（四）社区策划模式的工作策略

社区策划模式的工作策略在于运用各种规划技术来解决社区的现实问题，

主要包括收集社区问题的有关资料，分析解决问题的可行性方案，决定解决问题的优先次序，形成方案，并加以实施。具体的策略措施主要是发现事实和对分析技巧的运用，在社会关系方面则根据具体的情境选择冲突性或共识性的策略措施。

（五）社区策划模式评价

1. 社区策划模式的优点

社区策划模式的优点包括：第一，服务质量有保证。因为事先已经考虑清楚如何解决社区问题，加上社区工作者拥有专业的技术和能力，所以可以保证其所提供的服务的质量。第二，效率较高。社区策划模式比较注重专家的作用，因而决策和行动都可以保证有更高的效率。

2. 社区策划模式的不足

社区策划模式的不足主要有以下几点：第一，居民参与度低。首先，在服务目标方面，常常由社区工作者来确定居民的需求是什么，难以保证公正客观，可能无法真正代表居民的心声；其次，决策过程缺少居民的参与，可能导致居民对计划本身缺乏兴趣和投入。第二，服务对象对所提供的服务依赖性增强，可能导致被动居民群体的出现，不利于居民社区意识的形成和能力的培养。

三、社区照顾模式

社区照顾模式主要包括：在社区内提供照顾、社区康复、社区支持网络、治疗性社区、社区权益倡议等。这些都与社会福利息息相关。

（一）社区照顾模式的基本假设

社区照顾模式的服务理念基于以下两种基本假设：第一，服务对象生活的原环境优于机构的环境。通过对院舍照顾的反思，我们发现，院舍照顾机构的环境不利于儿童和成人的心理健康，机构工作人员存在不尊重住院人员的行为方式，机构行政管理存在官僚化倾向，机构服务费用也超出一般人的承受能力。因此，需要回归社区照顾。第二，社区可以有效地利用非正式资源，为需要康复的服务对象提供支持和照顾。

（二）社区照顾模式的介入目标

社区照顾模式的任务目标在于：为社区有需要的人士提供照顾和支援服务。其过程目标在于：建立一个具有关怀性的社区，即弘扬以人为本的社区精神，营造互尊互敬互爱、充满人情味的社区文化氛围，形成社区生活共同体。我们可以把社区照顾模式的介入目标细化为以下几个方面。

提高居民社会意识。加强义务参与，建立互助互爱的社区关系，以抗衡个人主义及都市化带来的疏离感和孤立感，增强社区居民的融入意识，促进社区居民互助意识的形成。

建立政府机构和社区组织的合作伙伴关系。政府与社群应建立合作伙伴关系，不是以居家照顾来取代院舍照顾，而是把正规服务与非正规服务相结合，以使服务使用者正常地融入社区为服务目标。

唤起服务使用者的参与意识。社区照顾应该有意识地培养需要照顾人士的参与意识，鼓励他们表达自己的诉求和意愿以获取社会的理解与支持。

迈向人性化社区：要实现上述理想，应该重新认定社区是本位，发扬社区互助精神，迈向人性化且互相尊重、互相关怀的社群生活。这个理想必须由政府加以确认，并提供足够的资源落实和推行才能实现。

（三）社区照顾模式的特点

1. 协助服务对象正常地融入社区

以服务对象原来熟悉的、正常化的环境和方式为其提供照顾，纠正机构院舍照顾常见的、服务对象不适应的问题。

2. 强调社区责任

政府、营利机构、非营利机构、志愿组织、社区、家庭、个人等多方面共同承担服务责任。发挥社区支持网络中的正面的社会资本作用，避免由此引发的社会排斥，通过改善社区环境，提高社区居民的生活质量。

3. 非正式照顾是重要方面

重视初级群体、非正式关系的照顾，注重结合社区中存在的非正式的关系网络和正式网络，为服务对象提供帮助和服务，支援和协助服务对象解决困难。

（四）社区照顾模式的基本策略

社区照顾模式的策略主要是指：使用什么方式使服务对象和服务者相互沟通、相互理解，进而建立彼此信任的关系；使用什么方法建立社区照顾的服务网络，以完成社区照顾的任务、实现社区照顾服务的目标。

1. 确定社区照顾的服务对象

社区照顾是以提供地区化服务为先决因素的，因此，社区工作者要有效地推进社区照顾，首先必须了解本地区服务对象群体所居住的环境及需求。在了解的过程中，社区工作者通过与服务对象积极互动并与其建立彼此信任的关系，在对他们的需求进行深入了解的过程中，注意开发他们自身已有的能力和可运用的资源，以及那些可被发掘的潜能与资源。社区工作者在这个过程中，要帮助服务对象改变态度或学习某些技能和方法，使他们建立自信心，看到自己的力量和自身发展的可能性。

2. 建立社区照顾支持网络和自助组织

第一，直接服务的自助组织服务系统，主要由距离被照顾者最近的人构成，如家人、亲友、邻居和社区内的志愿者。他们可以为被照顾者提供购物、清洁家居、送饭等服务。社区内的医务志愿者还可以为被照顾者提供专业的医务服务。

第二，同类型服务对象的互助组织服务系统。社区内同类型服务对象可以组成互助小组，如癌症患者小组、单亲妈妈小组、下岗自强小组等。在小组内服务对象可以分享各自的经验与感受，增强他们的互助意识和生活信念。

第三，社区危机处理的自助组织服务系统。社区可以动员具有不同专业技能的退休老人和热心的社区居民，组成不同类型的小组，以帮助处理不同类型的危急事件，如老年人突然病危、家庭纠纷、青少年离家出走等。社区危机处理服务可以为居民提供及时帮助和支持服务。

社区工作者要成功地进行社区照顾，不能仅依靠社区和家庭成员的力量，还需要支援性的社区服务辅助，共同使社区照顾持续下去，充分地满足服务对象的需求。

（五）社区照顾模式评价

1. 社区照顾模式的优点

第一，对服务对象人性化的关怀。社区照顾强调把需要照顾的对象留在社区内，解决他们的困难；强调挖掘社区的各种人力资源，建立社区支持网络，实现社区成员之间的互助，以发挥社区照顾功能，增强人性化关怀，密切社区居民之间的关系。

第二，动员社区居民参与社区照顾。社区参与和社区民主是社区照顾的核心原则。只有调动社区居民的参与和互助意识，鼓励社区居民对一些有特殊需要的服务对象加以关心和接纳，为社区中有需求的人提供服务、为有需要的人建立社区互助网络，才能建立一个关怀互助的社区环境，促进社区发展。

第三，促进服务资源整合。社区照顾体现了服务策略的改变，即通过服务的非院舍化及支援性服务的加强，使服务对象留在自己熟悉的社区生活；社区照顾突出了服务资源的综合运用，即发动服务对象的亲朋好友及邻居等提供协助照顾；社区照顾注重利用社区中存在的非正式的自然关系网络，使其和正式网络相结合，为服务对象提供帮助，从而建立一个关怀型社区。

2. 社区照顾模式的不足

第一，资源及权力下放可能引发政府责任和角色转变问题。社区照顾注重结合社区中存在的非正式的自然关系网络和正式网络，为服务对象提供帮助和服务，发挥社会支持网络中正面的社会资本作用，避免由此引发的社会排斥。但是，政府不能以社会非正式网络的存在为借口推卸责任、减少应为社区提供的服务。相反，社区照顾的落实需要政府进行更多的投资及作出承诺。

第二，非正规照顾的服务质量难以保证。社区照顾是一个社会服务网络，这个网络中的家人、邻里、朋友和志愿者等非正规照顾者通常没有受过专业训练，其提供的服务是非专业化的，服务质量难以保证。依靠亲朋好友及邻居的帮助也很难确保服务的连续性和可靠性，需要专门服务或特别服务的服务对象可能得不到恰当的照顾。

第三，社区对有困难人士的排斥和歧视问题。社区对一些有特殊困难的人士，如残疾者、精神病患者、失足青少年及刑满释放人员等往往存在偏见和歧视，甚至反对在社区内设立相关服务设施，缺乏接纳他们的关怀精神和体谅态度。

第三节　社区工作的通用过程

在社区工作发展的不同阶段，其受不同的主要理论的影响。20 世纪60—70 年代，社区工作深受系统理论的影响，社区工作通用过程模式就是由系统理论发展而来的。该理论由于汲取了各种助人模式的共性和优点而成为通用理论。该理论同样认为社区工作中助人是一个过程，是由一系列朝向既定目标的系统化行动组成，大体可以将这个过程划分为 5 个阶段。而这 5 个基本阶段之间是相互衔接和相互促进的关系。

一、约定阶段

约定阶段是社区工作者与受助对象之间确立专业关系的过程。这是社区工作过程的开始阶段，即当事人向社会工作机构申请救助时，社会工作机构应当对求助者的有关信息进行初步评估。如果能与服务对象建立良好的关系，可以为以后的阶段、为实现社会工作目标奠定基础。这个时期要做的工作主要有以下几个方面。

（一）了解服务对象的基本情况

了解服务对象的基本情况的过程是社区工作者了解服务对象的诉求的过程。在这一阶段，社区工作者需要同服务对象初步接触并了解其遇到的矛盾和问题，与其建立初步的专业关系，在此基础上签订服务协议。一般来说，服务对象会主动将自己的情况和要求告诉社区工作者，以求得帮助。对此，社区工作者要有充分的准备，并能加以区别对待。这时服务对象存在"自愿的服务对象"和"非自愿的服务对象"、"潜在的服务对象"和"现有的服务对象"的不同。

（二）初步评估服务对象

初步评估的主要任务是界定并确认服务对象的问题，对照机构的功能判断是否其为服务对象或进行转介。这一阶段也称为"诊断"阶段。这一阶段社区工作者的主要任务是收集和分析与服务对象有关的各方面资料，了解他们的基本情况和要求，为下一步制订干预计划做好准备。

（三）与服务对象建立专业关系

与服务对象建立专业关系也是采取实际行动帮助服务对象的阶段。社区工作者确认帮助服务对象的最佳方案后，进入实施阶段，通过这一过程使得服务对象的实际状况得到改善，随着服务对象实际情况的改善，社区工作者的实施方案可以进行适当调整，以取得最佳效果。

在与服务对象建立专业关系的同时，社区工作者为了更加有效地完成任务、实现社会工作目标，也要注意服务对象以外的其他条件和因素在助人过程中的重要作用。因此，社区工作者应根据需要积极同服务对象以外的有关系统和人员建立关系，共同合作。例如，社区工作者面对有不良行为的学生时，不仅要与他（她）建立关系，还应与其家庭、教师及同学建立关系，才可能对其进行有效的帮助。

二、评估问题阶段

在接受服务对象并与之建立专业关系后，社会工作进入评估问题阶段。评估问题阶段是清楚而又具体地调查和了解服务对象问题与需要的时期，它的工作成果将成为今后工作、行动的重要前提。

评估的目的在于对社会工作干预的实际效果进行科学评价。这一过程不仅对于服务对象是必要的，对于社会工作机构和社区工作者也是非常重要的，这一过程也为确定社区工作者的工作实践效果提供评价依据。

三、计划及合约阶段

这个时期是在分析评估的基础上确定社会工作目标和制订计划，并以合约的形式与服务对象达成共识，明确社区工作者和服务对象同意的目标与责任。计划是一个进行理性思考及作决定的过程，包括制定目标、选择为达到目标而采取的行动。计划的制订过程应是社区工作者和服务对象一起工作的过程。如果没有服务对象参与，服务对象与社区工作者就无法就计划达成共识，再好的计划也难以落实。因此，服务对象与社区工作者共同制订计划的过程，也是服务对象与社区工作者认同一致的合约过程。

四、工作介入阶段

工作介入阶段，社区工作者要做的主要工作如下。

（一）与服务对象一起行动

根据服务对象的实际问题，选择恰当的介入策略。第一，社区工作者帮助服务对象认识和运用现有资源。有许多服务对象的问题是由服务对象缺乏所需资源造成的，在这种情况下，帮助服务对象运用现有资源便成为恰当的介入策略。第二，对服务对象进行危机干预、危机调适。当服务对象处于危机状态时，社区工作者要帮助其尽量将危机的时间缩短、减轻危机对服务对象造成的严重影响，危机干预是最有效的介入策略。第三，社区工作者运用活动帮助服务对象。社区工作者通过活动可以更好地帮助不善于语言表达的服务对象增强自信、提高能力。

（二）代表服务对象采取行动

第一，争取有影响力的人士参与社区工作，共同为实现社会工作目标而努力。第二，协调各种服务资源与系统，将它们联结起来，以达到服务目标。第三，发展、创新资源，满足服务对象的需求。第四，改变服务对象所处的环境，从而达到服务的目标。第五，改变组织与机构，以更好地为服务对象服务。第六，集体倡导，为服务对象争取所需的资源，改变社会不公正现象，促进社会公平、公正。

五、评估总结及结束阶段

评估总结及结束阶段被看作社会工作实践过程的最后阶段。结束是指社区工作者与服务对象结束接触和专业关系。这时，服务对象不再需要社区工作者的专业服务，介入的目标已经达到，服务对象的问题得以解决、需求得到满足。如果服务对象与社区工作者之间形成比较密切的关系，结束则是痛苦的过程，尤其对服务对象而言，社区工作者也难以避免。在整个社会工作过程中，服务对象与社区工作者常常共同讨论敏感性问题，共同付出巨大的努力，以作出积极的改变，这个过程中服务对象也许对社区工作者产生了依赖。所以，在结束的时候，服务对象会若有所失，有些服务对象甚至感到愤怒并拒绝结束。因此，社区工作者要非常重视这一阶段的工作，以巩固社会工作的效果。

第四节　社区工作的常用技巧

中国社区工作由传统的乡约制度发展到 20 世纪 50 年代初期的由居民委员会和村民委员会负责，不同的社区还制定了各自的"街规民约"或"村规民约"，为社区成员约定共同的规范与目标。社区工作逐渐形成了网络，而获得这一成果自然离不开社区工作技巧的运用。

一、与社区居民接触的技巧

社区工作者通过接触社区居民，一方面可以了解社区和社区居民的基本情况；另一方面可以让社区居民了解社区工作者的工作，提高他们对社区工作者的接纳和认可度，为以后建立互信合作的关系打下基础。

（一）事先准备的技巧

1. 选择对象

社区工作者根据访问的目标选择合适的访问对象，如自己接触过的居民、受事件影响的有关人员、特定利益群体的成员，按先后顺序进行排列。

2. 选择访问的时间

接触居民的目标和出发点不同、对象不同，访问的时间也有所不同。社区工作者应尽量避免在休息时间、就餐时间打扰访问对象；另外，应该避开节假日、有宗教信仰的人的礼拜日等。

3. 准备话题，引导访问的开始

社区工作者提前准备，从对方的兴趣入手，准备一些话题协助受访者打开"话匣子"，如可以谈论社区周围的环境、天气情况或国内外最近发生的重大事件，避免陷入双方因初次见面而无话可说的尴尬局面。

4. 穿着得体

社区工作者要留意社区居民的文化背景，初次接触时，穿着要得体，要给人一种整洁、大方、成熟、可信的印象。

5. 预想可能遇到的问题并找出解决的方法，避免临场阵脚大乱

对社区居民而言，社区工作者是陌生人，他们没有义务牺牲自己的时间来接受社区工作者的访问，拒绝社区工作者也是正常现象，因此，社区工作者无须感到受挫和气馁，应总结经验教训。

6. 对前去访问的场所环境有所了解

社区工作者夜间访问要准备手电筒之类的照明设备，找认识的居民带路或与同事结伴而行，等等。

（二）与居民接触的技巧

1. 介绍自己的技巧

应根据不同的情况和对象，采取不同的自我介绍方式。社区工作者在接触居民时，要尽量找居民的熟人引见，也可以将自己与居民们都很熟悉的、成功的活动联系起来，增强可信度；主动介绍自己的服务机构名称和机构所

处的位置，让居民了解自己的来历；对那些持怀疑态度的居民，社区工作者可以出示自己的工作证或其他能证明自己身份的资料；主动发放一些物品或者活动资料，让居民获益，增强其对社区工作者的信任感；清楚地介绍自己与居民接触的目的，表达自己对他们的关怀及适度地表现自己对居民的兴趣，态度要热情、诚恳、平易近人，保持耐心，语言要通俗易懂。社区工作者切勿与居民发生争论。

2. 展开话题的技巧

在获得居民接纳或未遭到拒绝的情况下，社区工作者要抓住机会，继续交谈，使谈话内容逐步转向正题。当然，这个时候，社区工作者要尽量避免谈及敏感话题，要提一些比较简单、容易回答的问题，也可以从周围环境或正在发生的事件展开话题，如天气、最近热播的电视剧、国内外新近发生的大事、居民的家居布置等，以拉近彼此的距离。社区工作者在谈话过程中，应该把谈话维持在居民可以理解的水平上，双方对话的层次也可以随着情境、兴趣和彼此的信任程度逐步提升。

3. 维持对话的技巧

在对方的疑虑消除、双方都比较轻松的情况下，社区工作者需要为达到接触或访问目的而维持对话。在这个阶段，社区工作者可以运用聆听、同情心、体谅等技巧。聆听要求社区工作者认真倾听。同情心要求社区工作者超越年龄、民族、性别及家庭背景的差异，走进居民的内心世界，体会居民的感受。体谅要求社区工作者在意居民，顾及居民的情况，为居民着想，如在居民午休或者吃饭的时间不进行入户访问；尽量在预定的时间内完成谈话；感谢居民对自己工作的支持和帮助；鼓励居民对社区工作提出意见和建议，表现出对社区居民的一种真心实意的关怀。

4. 结束对话的技巧

一般而言，社区工作者初次接触居民的时间不宜过长。谈话结束时，一要感谢居民牺牲自己的休息时间，为社区工作者提供有益的资料；二要总结刚才的谈话，并给予受访者一些积极反馈；三要留下自己和机构的联系方式，以便进一步同居民联系。社区工作者在完成接触居民这一过程后，一要记录主要资料，如居民的背景和社区网络、居民对所谈事务的反应、热心程度、可动员机会、资源等；二要总结接触是否达到目标及达到目标的程度，回顾和居民谈话的全过程，总结自己在与居民接触过程中的成功之处和失败之处等。

二、利用社区传媒的技巧

（一）制定媒介策略，发展媒介关系

1. 收集传媒工作者的资料

根据自己的工作内容列出清单，与传媒工作者进行初步接洽，介绍自己及所在的社区，给对方留下良好印象。

2. 发展与媒体的关系

关系的建立因工作计划、取向、手法、阶段的不同而有所不同。社区工作者要注意以下几个方面：了解传媒及其工作者的工作情况，尽可能采用当面拜访的形式，主动介绍和宣传自己，表示对沟通工作的兴趣，听取对方介绍自己的工作及感受，尽可能建立双向互动对称的良好关系。

（二）制造媒体事件，吸引传媒报道

媒体事件与自然事件相对应，制造媒体事件是指借助人为的事件来吸引传媒的注意和青睐。社区工作者不仅要注意考虑事件的新闻价值和时效性，还要注意不同媒体的偏好和侧重点，顺势而为。

三、组织社区居民活动的技巧

（一）发动居民的技巧

1. 发动居民的方法

第一，直接接触途径。直接接触是指由社区工作者和志愿者与居民接触，是人与人之间的直接接触；如果社区工作者在动员居民之前已经知道居民的姓名和联系方式，则可以通过信件、家访和电话联系等渠道与居民进行直接

接触；如果社区工作者没有居民的姓名和联系方式，则可以通过其他方法与居民进行直接接触。

第二，间接动员途径。间接动员是指通过大众传媒、展架、广告、宣传册、海报、横幅等途径将信息传递给居民，无须人与人之间的直接接触。

2. 选择动员方法应考虑的因素

第一，要考虑动员居民参与的事务是否已经得到居民的广泛关注。如果社区居民对将要参与的事务已经有所关注，那么简单的宣传和动员就会引起强烈反响。否则，社区工作者必须先与居民建立深厚的关系，再推动居民参与。

第二，要考虑动员对象的覆盖范围。如果动员的对象涉及的范围很广，那么展板、广告、街头宣传站、大众媒体等间接发动的方法比较适用，家访等直接接触的方法则不能有效地达到动员最广泛居民的目的。

第三，要考虑动员对象的参与动机。当动员对象的参与动机已经很强烈时，简单的动员方法就可以达到效果。如果动员对象的参与意愿不是很强烈，那么社区工作者需要与他们多进行面对面接触，逐步加强他们对社区事务参与感。

3. 说服居民参与

在动员居民时，社区工作者经常会得到对方的消极反应。这时，社区工作者可以适当采用说服居民参与的技巧。

第一，居民以自己能力不够作为理由时的说服技巧。社区工作者可以通过强调熟人参与、互相帮助及成功先例等策略来说服对方。强调熟人参与是向对方指出已经有熟识的邻居参与了社区事务；强调互相帮助则是向对方表明，大家在一起学习可以不断取得进步；强调成功先例则是通过举例向对方说明参与社区事务可以提升能力。

第二，居民以自己没有时间作为理由时的说服技巧。如果被动员的居民以没有时间作为拒绝参与的理由，那么社区工作者可以通过减少参与的代价来说服对方，如向对方说明参与并不需要太多的时间，如果真的抽不出时间，中途也可以退出。

第三，居民因参与人数太少而缺少信心时的说服技巧。有时候被动员的居民会因为目前参与人数太少而缺乏信心，社区工作者可以用赞赏对方、体谅他人、尽力改变现状、动之以情等策略说服对方。

4. 发动居民的注意事项

第一，不要言过其实。社区工作者在动员居民时，要避免为了吸引居民参与而作出不切实际的承诺或夸大不参与的后果。

第二，推动居民参与时既不宜用力不足，也不宜用力过猛。

第三，注意分辨动员对象的真实想法。社区工作者在动员居民的过程中经常会遇到动员对象"口是心非"的情况。社区工作者要借助经验分辨动员对象表面说法背后的真实想法。

第四，不要与持相反意见的居民争辩。居民动员的首要目的是发掘对社区事务有兴趣和有热情的居民，鼓励他们参与其中。因而，社区工作者不要与持相反意见的居民争辩，以免发生冲突，给居民留下不良的印象。

（二）召开居民会议

1. 对居民会议的认识

居民会议是社区居民民主参与社区工作的有效途径之一。组织召开居民会议是社区工作经常性的工作之一，是社区工作介入的重要方法。

2. 居民会议的步骤

居民会议通常包括会前准备、会中、会后促进和行动四个步骤。会前准备包括会议内容及程序安排、会议资料准备、参会人员确定及通知、场地布置和安排、会前接待等；会中包括主持人按议程推进、控制会议时间、维持会场秩序和气氛等，要突出主题、注意细节；会后促进包括进一步明确会议决定，整理好会议记录，做好会议纪要，要将任务落实到个人；行动包括执行会议决定、按情况征求有关人员意见，要注意修正计划，随时向与会者通报工作进展情况，为下次会议报告做好准备。

3. 会议主持的技巧

会议主持的技巧包括善于聆听、友善地提问和邀请发言，注意澄清和引导、保证围绕会议主题、善于综合和集中信息、把握会议进程，多用赞美和鼓励的话语与中肯的评价、恰到好处地运用身体语言，善于把握和调控会议时间、不拖延等。

（三）社区骨干的培训

社区工作者在培训社区骨干时，应掌握以下技巧：鼓励参与、给予鼓励和肯定，宣传当家作主的精神、建立民主的领导氛围和精神，不断为社区骨干提供学习的机会、培养其从检讨中学习改进的习惯，培养社区骨干权责分工的意识，秉持理性讨论精神、树立充分沟通和尊重少数的领导作风。

总的来说，社区开展动员工作时，还应注意以下几个问题：第一，在构思活动时思路要灵活，尽量吸收一切有意思并且可行的创意，丰富活动内容，增加活动亮点。第二，提前做好准备，包括准备好人力和物力等资源。第三，活动报名信息应提前发布。第四，组织者要在发布的信息里表现出诚恳和端正的态度。第五，只要条件允许，应让参与者进行正规报名。第六，活动结束后，应及时发布此次活动的概况，分享活动照片、经验以及花絮等。第七，不要组织危险性活动，尤其是在组织者和参与者经验不足或业务不熟练的情况下。

第四章

社区工作方法

为了做好社区工作，社区工作者要掌握思想政治工作方法、群众工作方法、人民调解工作方法、社区工作方法，并在社区实际工作中创造性地加以应用。

第一节　思想政治工作方法

思想政治工作方法是我们党的优良传统，长期的实践证明，该方法非常有效。社区工作者要学会思想政治工作方法，深入宣传党的路线、方针、政策，加强社会主义精神文明建设，坚定居民的理想信仰，深入开展国情教育和形势政策教育活动。在加强和改进思想政治工作中，注重人文关怀和心理疏导，培育自尊自信、理性平和、积极向上的社会心态。

一、深入宣传党的路线、方针、政策

在社区工作中要宣传和执行党的路线、方针、政策，团结、组织社区工作者和社区居民，努力完成社区各项任务，发动党员和群众参与社区建设。充分利用社区的墙报、黑板报、橱窗等对党的路线、方针、政策进行宣传。通过深入宣传党的路线、方针、政策，社区群众对党和政府工作的理解与支持更加深入。

在宣传党的路线、方针、政策时，社区工作者要在密切联系群众上下功夫，深入基层、深入群众，深入浅出，把实际情况摸清楚，了解群众疾苦，

了解群众所思、所盼、所忧，做到人对人、面对面、手拉手、心连心做群众工作。社区工作者要在增进信任上下功夫，坚持相信群众，虚心听取群众意见，尊重人、理解人、关心人，做到以理服人、以情感人，使自己成为群众的贴心人。

二、加强社区精神文明建设

加强社会主义精神文明建设，大力发展面向现代化、面向世界、面向未来的，民族的、科学的、大众的社会主义文化，不断丰富人们的精神世界，增强人们的精神力量。社区精神文明建设，是社会主义精神文明建设的一个重要方面，也是社区思想政治工作的重要方面。要加强正面引导，大力推进思想道德建设；加强公共文明建设，着力提升居民公共行为文明素养和城乡公共环境文明程度；坚持以文化人，用文化的力量推动精神文明建设深入发展。

加强社会主义道德建设是加强社会主义精神文明建设的重要内容，贯彻《新时代公民道德建设实施纲要》是社会主义道德建设的基础性工作。在贯彻纲要的过程中，必须把自律性道德教育和他律性道德约束结合起来，把动员群众力量与发挥管理部门的作用结合起来，把集中整治与长效管理结合起来，把道德规范与道德实践结合起来，大力开展党的基本理论、基本路线、基本纲领教育和爱国主义、集体主义、社会主义教育，坚决反对和抵制拜金主义、享乐主义和极端个人主义，引导广大居民树立正确的世界观、人生观和价值观，坚定对马克思主义的信仰，对社会主义的信念，增强对改革开放和现代化建设的信心，增强对党和政府的信任，自觉地把个人理想融入中国特色社会主义共同理想之中，把个人奋斗融入实现社会主义现代化的共同奋斗之中①。

---

① 哈曼．民政管理专业"十三五"规划教材 社区工作实务［M］．北京：北京师范大学出版社，2017.

三、加强国情及形势政策教育

党的二十大报告指出，10 年前，我们面对的形势是，改革开放和社会主义现代化建设取得巨大成就，党的建设新的伟大工程取得显著成效，为我们继续前进奠定了坚实基础、创造了良好条件、提供了重要保障，同时一系列长期积累及新出现的突出矛盾和问题亟待解决。面对这些影响党长期执政、国家长治久安、人民幸福安康的突出矛盾和问题，党中央审时度势、果敢抉择，锐意进取、攻坚克难，团结带领全党全军全国各族人民撸起袖子加油干、风雨无阻向前行，义无反顾进行具有许多新的历史特点的伟大斗争。

深入开展国情、形势政策教育活动。社区党员通过讲国情及形势政策教育，理顺情绪，引导居民充分了解决策的背景，理解中央的一系列方针、政策，通过讲党的重大方针政策，解疑释惑，引导居民了解党的各项方针政策。通过讲经济建设的显著成就，引导居民看到发展的希望，增强发展的信心，鼓足发展的干劲；通过开展国情教育，增强居民的社会责任感。社区党员要经常学习了解形势政策，当好党的宣传员，利用广播播报、办宣传专栏、举办讲座等方法开展宣传教育，构建形式多样、多层次、多角度的国情和形势政策教育的新格局，解答居民实际工作和生活中的疑惑，澄清思想中的模糊认识，把党的思想、路线、方针、政策送到居民中间。

四、做好社区居民心理调适工作

心理调适是用心理工作方法对人的心理进行调节的过程。由于心理调适工作方式独特、讲究双向沟通交流，居民没有恐惧感和焦虑。这种方式之所以受居民欢迎，是因为心理调适更平民化、更人性化、更具体化。近年来，心理调适工作在不少社区普及，及时有效地解决了一些居民的心理问题，促进了社区的和谐发展。

心理调适的对象划分为多种人群，包括社区老年人、社区妇女、失业群体、残疾人群体、社区青少年和社区矫正对象等。心理调适对象大多不能正确评定自己。比如，由于失业、生活困难、家庭或邻里纠纷等造成的一些心理不平衡；又如，一些居民离退休或失业后，感觉生活没有方向。

为了使心理调适工作在社区深入开展，社区工作者要进一步探索社区心理教育的新机制，成立心理调适专家指导队伍，聘请有关社会、心理、医学、教育专家，针对社区居民生活、工作中常见的矛盾、问题，举办心理调适讲座及个案咨询活动，定期为社区居民排忧解难。例如，有的社区举办了老年人心理调适讲座，有的退休老人听了心理调适讲座，心里舒服多了，过去觉得自己的退休金太低，想不通，通过心理调适，明白国家解决一些社会问题是需要时间的，自己的退休金问题正在逐步地得到解决。有的居民通过听心理调适讲座，找到了控制和调节情绪的方法，有了切实可行的解决自身的心理问题的办法，增强了对生活的信心。所以，社区工作者在社区应大力提倡心理调适工作，注重人文关怀和心理疏导，培育自尊自信、理性平和、积极向上的社会心态。

第二节　群众工作方法

习近平总书记在十八届中共中央政治局第一次集体学习时的讲话中强调："我们要适应新形势下群众工作新特点新要求，深入做好组织群众、宣传群众、教育群众、服务群众工作，虚心向群众学习，诚心接受群众监督，始终植根人民、造福人民，始终保持党同人民群众的血肉联系，始终与人民心连心、同呼吸、共命运。"群众路线是党的根本工作路线，在社区工作中要充分运用群众工作方法。

一、牢固树立群众观点

中国共产党在长期革命斗争中形成了一切为了群众、一切依靠群众和从群众中来、到群众中去的群众路线。一切为了群众、一切依靠群众，是群众路线的核心内容。毛泽东同志在《论联合政府》报告中强调："我们共产党人区别于其他任何政党的又一个显著的标志，就是和最广大的人民群众取得最密切的联系。全心全意地为人民服务，一刻也不脱离群众；一切从人民的利益出发，而不是从个人或小集团的利益出发；向人民负责和向党的领导机关负责的一致性；这些就是我们的出发点。""共产党人的一切言论行动，必须以合乎最广大人民群众的最大利益，为最广大人民群众所拥护为最高标准。应该使每一个同志懂得，只要我们依靠人民，坚决地相信人民群众的创造力是无穷无尽的，和人民打成一片，那就任何困难也都能克服，任何敌人也不能压倒我们，而只会被我们所压倒。"

党的群众路线充分反映了中国共产党是全心全意为人民服务的政党，人民的利益是党一切工作的根本出发点和归宿。正如党的二十大报告指出的"全党要坚持全心全意为人民服务的根本宗旨，树牢群众观点，贯彻群众路线，尊重人民首创精神，坚持一切为了人民、一切依靠人民，从群众中来、到群众中去，始终保持同人民群众的血肉联系，始终接受人民批评和监督，始终同人民同呼吸、共命运、心连心，不断巩固全国各族人民大团结，加强海内外中华儿女大团结，形成同心共圆中国梦的强大合力"，在推进社区建设的过程中，要进一步继承发扬党的群众工作方法，更好地听取人民群众的意见、建议和利益诉求。

社区工作中的各种问题都是与群众密切相关的问题，做好社区工作，必须继续发扬党的群众路线工作方法，切实加强新形势下的群众工作，要积极研究并把握新形势下群众工作的特点和规律，提高有效开展群众工作的本领。要认真研究经济社会生活的新变化和群众工作、社区工作的新特点，结合改善民生、保障民生积极探索和掌握群众工作的新途径、新方法、新机制，善于运用说服教育、示范引导和提供服务等方法凝聚与激励群众。

二、从群众中来的方法

从群众中来的方法是党的优良传统，毛泽东同志在《论联合政府》报告中指出："教育每一个同志热爱人民群众，细心地倾听群众的呼声；每到一地，就和那里的群众打成一片，不是高踞于群众之上，而是深入于群众之中；

根据群众的觉悟程度，去启发和提高群众的觉悟，在群众出于内心自愿的原则之下，帮助群众逐步地组织起来，逐步地展开为当时当地内外环境所许可的一切必要的斗争。"

社区工作面对的对象是群众。要坚持从群众中来的方法，就是要善于深入群众生活、倾听群众呼声、深入群众调查研究，了解群众疾苦、反映群众诉求、聚合群众利益、凝聚群众智慧、克服官僚主义。从群众中来，要克服官僚主义，官僚主义是群众路线的大敌，早在 1933 年，毛泽东在《必须注意经济工作》一文中就指出："动员群众的方式，不应该是官僚主义的。官僚主义的领导方式，是任何革命工作所不应有的……要把官僚主义方式这个极坏的家伙抛到粪缸里去，因为没有一个同志喜欢它。每一个同志喜欢的应该是群众化的方式，即是每一个工人、农民所喜欢接受的方式。官僚主义的表现，一种是不理不睬或敷衍塞责的怠工现象。我们要同这种现象作严厉的斗争。"

社区工作者必须深入研究和把握新形势下群众工作的新特点、新要求，坚持从群众中来，深入群众生活，从群众的实际出发，才能更好地使出台的各类民生政策符合人民群众的实际需求，顺应人民群众的意愿，惠及最广大的人民群众，受到人民群众的真心拥护。

三、到群众中去的方法

做群众工作必须坚持到群众中去的方法，到群众中去，从群众角度出发考虑问题，是解决民生问题、推动民生工作的重要方法。

到群众中去要克服命令主义，毛泽东同志在《论联合政府》报告中指出："在一切工作中，命令主义是错误的，因为它超过群众的觉悟程度，违反了群众的自愿原则，害了急性病。我们的同志不要以为自己了解了的东西，广大群众也和自己一样都了解了。群众是否已经了解并且是否愿意行动起来，要到群众中去考察才会知道。如果我们这样做，就可以避免命令主义。"在社区建设中克服命令主义，就是各项工作要宣传群众、依靠群众，使群众自觉自愿参与社区建设。

到群众中去要克服尾巴主义，毛泽东同志在《论联合政府》报告中指出：

"在一切工作中，尾巴主义也是错误的，因为它落后于群众的觉悟程度，违反了领导群众前进一步的原则，害了慢性病。我们的同志不要以为自己还不了解的东西，群众也一概不了解。许多时候，广大群众跑到我们的前头去了，迫切地需要前进一步了，我们的同志不能做广大群众的领导者，却反映了一部分落后分子的意见，并且将这种落后分子的意见误认为广大群众的意见，做了落后分子的尾巴。"克服尾巴主义，要把群众需求作为第一信号、及时解决群众密切关注的问题，避免滞后性。

四、从个别到一般的方法

坚持群众路线的工作方法，必须坚持从个别到一般的方法。毛泽东同志把认识论的这一原理同群众路线结合起来，提出了一般号召和个别指导相结合的方法，即"从群众中集中起来又到群众中坚持下去，以形成正确的领导意见，这是基本的领导方法。在集中和坚持过程中，必须采取一般号召和个别指导相结合的方法，这是前一个方法的组成部分。从许多个别指导中形成一般意见（一般号召），又拿这一般意见到许多个别单位中去考验（不但自己这样做，而且告诉别人也这样做），然后集中新的经验（总结经验），做成新的指示去普遍地指导群众"。①

通常来说，路线、方针和政策属于一般的东西，这种一般的东西正确与否必须在实践中进行检验。无论做什么工作，没有一般号召，就不可能动员广大人民群众行动起来；但是，如果只限于一般号召，没有具体地直接地将所号召的工作深入实施，突破一点，取得经验，然后利用这些经验去指导和推动工作，就无法检验提出的一般号召是否正确，也无法充实一般号召的内容，一般号召就会偏离实际。通过抓好试点、培养典型，获得经验，然后再逐步推广，指导全局的方法，就是一般号召与个别指导相结合的具体方法②。领导机关制定方针、政策，对工作进行指导，是从个别到一般，又从一般到

---

① 毛泽东. 毛泽东选集：第三卷［M］. 北京：人民出版社，1991.
② 张雪，陈秋红. 社区工作理论和实务［M］. 沈阳：辽宁大学出版社，2020.

个别的循环。

在社区工作中坚持从个别到一般的方法，可以通过抓好试点、分步实施、稳步推进、培育典型的方法，总结试点经验，形成先进典型，并推广成功的工作思路和工作经验，为实现社区建设新的突破和发展提供方向，这也是坚持群众路线的具体体现。

五、深入了解居民需求

社区工作者要通过强化群众自治功能，有效地解决上级要求和群众需求的关系。党在计划经济时期比较强的一面是注意上级的要求，下级服从上级，这是党的组织原则的一个重要方面，今后要继续坚持；但是，我们忽视的就是如何服务于群众的需求，群众需要什么，党就做什么。现在群众需求日趋多样化，需要进行社区体制创新，重点在于通过民主自治机制来了解群众需求，避免过去那种"你想唱歌，我偏教你跳舞"的情况。长期以来，命令群众干什么是我们的长处，薄弱环节是去了解群众需要什么，然后我们去做什么。社区工作者要通过社区体制创新，强化居民自治功能，把上级要求和群众需求有效地结合起来，才能真正做到以服务群众为重点。

第三节　人民调解工作方法

一、人民调解工作的重要作用

人民调解是一项具有中国特色、被《中华人民共和国宪法》确认的法律制度，是在依法设立的人民调解委员会的主持下，以国家的法律、法规、规章、政策和社会公德为依据，对民间纠纷当事人进行说服教育、规劝疏导，促使纠纷各方互谅互让、平等协商、自愿达成协议、消除纷争的一种群众自治活动。

人民调解工作要针对社会治理中的热点、重点和难点问题，进行经常性的分析排查，建立矛盾纠纷滚动排查机制，按照"属地管理""谁主管谁负责"原则，把社会矛盾纠纷排查化解工作落实到基层，对排查发现的问题，加强分析研判，明确责任主体，及时有效化解①。加强人民调解、行政调解、司法调解有效对接，综合运用法律、政策、经济、行政等手段和教育、协商、疏导等方法，及时有效地把矛盾化解在基层。

人民调解工作要积极组织人民调解员开展各类矛盾纠纷排查活动，对社会矛盾展开经常性排查，对热点、难点问题予以集中排查，对突发性事件进行专题排查，做到边排查、边调解、边疏导。对纠纷当事人进行说服教育、规劝疏导，消除纷争。充分发挥人民调解贴近群众、覆盖广泛的优势，实现化解纠纷、预防犯罪的职能。

二、人民调解委员会的设立

人民调解委员会是依法设立的调解民间纠纷的群众性组织。社区居民委员会应设立人民调解委员会。人民调解委员会由3~9名委员组成，设主任一人，必要时，可以设副主任若干人。人民调解委员会调解民间纠纷，不收取任何费用。

人民调解委员会应当有女性成员，多民族居住地区应当有人数较少民族的成员。社区居民委员会的人民调解委员会委员由居民会议推选产生。人民调解委员会委员每届任期三年，可以连选连任。

人民调解委员会应当建立健全各项调解工作制度，听取群众意见，接受群众监督。社区居民委员会应当为人民调解委员会开展工作提供办公条件和必要的工作经费。

人民调解员由人民调解委员会委员和人民调解委员会聘任的人员担任。人民调解员应当由公道正派、热心人民调解工作，并具有一定文化水平、政策水平和法律知识的成年公民担任。县级人民政府司法行政部门应当定期对

---

① 姜秋丽，郭晓岩．社区工作理论与实务［M］．北京：高等教育出版社，2020.

人民调解员进行业务培训。

三、人民调解的原则

社区人民调解要贯彻《中华人民共和国人民调解法》第三条规定，人民调解委员会调解民间纠纷，应当遵循下列原则：

（1）在当事人自愿、平等的基础上进行调解；

（2）不违背法律、法规和国家政策；

（3）尊重当事人的权利，不得因调解而阻止当事人依法通过仲裁、行政、司法等途径维护自己的权利。

四、人民调解委员会工作实务

当事人可以向人民调解委员会申请调解；人民调解委员会也可以主动调解。当事人一方明确拒绝调解的，不得调解。基层人民法院、公安机关对适宜通过人民调解方式解决的纠纷，可以在受理前告知当事人向人民调解委员会申请调解。人民调解委员会根据调解纠纷的需要，可以指定一名或者数名人民调解员进行调解，也可以由当事人选择一名或者数名人民调解员进行调解。人民调解员根据调解纠纷的需要，在征得当事人的同意后，可以邀请当事人的亲属、邻里、同事等参与调解，也可以邀请具有专门知识、特定经验的人员或者有关社会组织的人员参与调解。人民调解委员会支持当地公道正派、热心调解、群众认可的社会人士参与调解。人民调解员调解民间纠纷，应当坚持原则，明法析理，主持公道。人民调解员调解民间纠纷，应当及时、就地进行，防止矛盾激化。人民调解员根据纠纷的不同情况，可以采取多种方式调解民间纠纷，充分听取当事人的陈述，讲解有关法律、法规和国家政策，耐心疏导，在当事人平等协商、互谅互让的基础上提出纠纷解决方案，帮助当事人自愿达成调解协议。

当事人在人民调解活动中享有下列权利：

（1）选择或者接受人民调解员；

（2）接受调解、拒绝调解或者要求终止调解；

（3）要求调解公开进行或者不公开进行；

（4）自主表达意愿、自愿达成调解协议。

当事人在人民调解活动中履行下列义务：

（1）如实陈述纠纷事实；

（2）遵守调解现场秩序，尊重人民调解员；

（3）尊重对方当事人行使权利。

人民调解员在调解纠纷过程中，发现纠纷有可能激化的，应当采取针对性预防措施；对有可能引起治安案件、刑事案件的纠纷，应当及时向当地公安机关或者其他有关部门报告。人民调解员调解纠纷不成的，应当终止调解，并依据有关法律、法规的规定，告知当事人可以依法通过仲裁、行政、司法等途径维护自己的权益。人民调解员应当记录调解情况。人民调解委员会应当建立调解工作档案，将调解登记、调解工作记录、《调解协议书》等材料立卷归档。

经人民调解委员会调解达成调解协议的，可以制作《调解协议书》。当事人认为无须制作《调解协议书》的，可以采取口头协议方式，人民调解员应当记录协议内容。

《调解协议书》可以载明下列事项：

（1）当事人的基本情况；

（2）纠纷的主要事实、争议事项以及各方当事人的责任；

（3）当事人达成调解协议的内容，履行的方式、期限。

《调解协议书》自各方当事人签名、盖章或者捺指印，人民调解员签名并加盖人民调解委员会印章之日起生效。《调解协议书》由当事人各执一份，人民调解委员会留存一份。

口头调解协议自各方当事人达成协议之日起生效。

经人民调解委员会调解达成的调解协议，具有法律约束力，当事人应当按照约定履行。人民调解委员会应当对调解协议的履行情况进行监督，督促当事人履行约定的义务。经人民调解委员会调解达成调解协议后，当事人之间就调解协议的履行或者调解协议的内容发生争议的，一方当事人可以向人民法院提起诉讼。经人民调解委员会调解达成调解协议后，双方当事人认为有必要的，可以自调解协议生效之日起 30 日内共同向人民法院申请司法确认，人民法院应当及时对调解协议进行审查，依法确认调解协议的效力。人民法院依法确认调解协议有效，一方当事人拒绝履行或者未全部履行的，对方当事人可以向人民法院申请强制执行。人民法院依法确认调解协议无效的，当事人可以通过人民调解方式变更原调解协议或者达成新的调解协议，也可以向人民法院提起诉讼。

第四节　社会工作方法

社会工作方法源于西方的社会工作实践，包括个案工作方法、小组工作方法、社区工作方法、社会工作行政方法，在社区工作中可以借鉴吸收运用，推动专业社会工作本土化。

一、个案工作方法

个案工作方法是由专业社区工作者运用有关人与社会的专业知识和技巧为个人和家庭提供物质或情感方面的支持与服务，目的在于帮助个人和家庭减轻压力、解决问题，达到个人和社会的良好社会福利状态。在服务过程中，社会个案工作者和服务对象之间维持一种面对面的或者一对一的专业关系，通过运用专业知识及技巧协助服务对象处理其与环境的关系，增进服务对象的社会福利。

个案工作方法以自我心理学、行为科学、人本主义等理论为基础，坚持将服务对象作为独特的个体来对待，接纳服务对象自我情感的表达，承认和尊重服务对象的价值，关怀、谅解和支持服务对象，引导和鼓励服务对象进行深层次表达，并保守服务对象所显露的秘密等工作原则。个案工作方法运用会谈、访视、记录、诊断、治疗等一整套工作技巧，了解服务对象问题的真相、特质和症结，拟订合理的解决方案，通过提供物质帮助、精神支持等方面的服务，协助服务对象解决问题，促使服务对象改变心理状态和行为模式，帮助其改善人际协调能力，完善人格与自我①。

社区工作者可以吸收运用个案工作方法，推进个人或家庭社会问题的解决，增进个人和家庭的社会福利。

二、小组工作方法

小组工作方法是通过社区工作者的协助与群体成员的互动互助，使参加小组的个人获得行为的改变、社会功能的恢复与发展，并达到群体目标，促进群体及社会的发展。小组工作方法的优势在于可以通过群体过程，使成员学习遵从适应社会需要的行为规范，培养社会责任心。小组工作方法还可以用集体的力量解决问题，通过小组过程，使个人具备与他人协调配合解决问题的能力，解决单靠个人力量所不能解决的问题。

小组工作强调人在情境中的效用，通过小组过程使个人在群体中获得宝贵的自我成长经验。小组工作方法可以使社会适应不良或处于某种危机与困境中的人获得心理支持，获取应对现实问题的信息、态度、方法，进而"促进其人格的完善、自我的健全、良好心态与行为方式的形成，以及特定问题的解决"。小组工作在社会学和心理学理论的指导下，通过小组成员的彼此支持、分担、感化等为其带来思想和行为的变化。

社区工作中可以吸收运用小组工作方法，协助个人解决单靠个人力量无法解决的各种问题。

三、社区工作方法

社区工作方法是专业社会工作的一种基本方法，它以社区和社区居民为服务对象，通过发动和组织社区居民参与集体行动，确定社区的问题与需求，动员社区资源，争取外力协助，有计划、有步骤地解决或预防社会问题，调

---

① 郑轶，周良才. 社区社会工作实务［M］. 北京：国家开放大学出版社，2017.

整或改善社会关系，减少社会冲突，培养自助、互助及自决的精神，加强社区的凝聚力，培养社区居民的民主参与意识和能力，发掘并培养社区的领导人才，以提高社区的社会福利水平，促进社区的发展。

社区同小组相比，是一个较为固定和更广阔的生活空间，人的社会性决定了人们具有社会生活与交往的需求，人们的思想和行为方式同样受到一定生活空间的制约与影响，而社区拥有更充裕的社会资源，这些都为扶助、矫正、治疗等社会工作的开展提供了更宽广的舞台，有利于社区内个人与家庭的稳定和发展。

社区工作中可以吸收运用社区工作方法，推动民生问题的解决。

四、社会工作行政方法

社会工作行政是社会工作的间接服务方法之一。社会工作行政是依照行政程序，妥善利用各种资源，实施社会政策，以向有需要者提供社会服务的活动。社会工作行政的核心内涵是执行、实施社会政策。社会工作行政涉及的对象一般较公共行政狭窄，社会工作行政的对象是社会特殊困难群体。社会工作行政的内容具有更强的福利性，并不是一般服务。

社会工作行政包括宏观社会工作行政和微观社会工作行政。宏观社会工作行政通常表现为政府的职能行为，是政府官员在一定范围内推行社会政策、指导、帮助、监督、检查、评估政策的落实情况的活动。微观社会工作行政是将社会政策变为具体的社会服务环节上的行政活动[①]。

社会工作行政通过实施社会政策直接以利益分配的形式使社会特殊困难群体受惠，改变他们的生活处境，使他们过上正常的社会生活。它可以减轻社会问题所造成的压力，从而维持社会秩序的稳定。这种稳定局面反过来可以支持社会成员的正常活动，促进社会的进步。因此，社会工作行政在民生工作中具有重要的作用。

---

① 郑轶，周良才. 社区社会工作实务［M］. 北京：国家开放大学出版社，2017.

　　我国社会工作行政涉及的政府机构主要包括民政部门、人力资源和社会保障部门、教育部门、卫生健康部门等，这些与社区民生相关的部门在制定社会政策时要充分借鉴运用社会工作行政方法。

第五章

社区组织

社区居民是社区发展的能动因素和主体。在日常生活中，社区居民通常结成一定的组织参与社区活动。因此，社区组织就成为支撑社区发展的重要的组织形式。社区中的居民组织名目繁多、功能多样、相互关联，共同构成了复杂、动态的社区组织系统。作为社会组织的一种，社区组织具有社会组织的所有特点，同时从社会工作的角度看，社区组织又是社区工作的重要方法。

第一节　社区组织的概念

一、社会组织

社区组织是社会组织在社区中的表现形式，具有社会组织的普遍特征。因此，我们分析社区组织，首先必须探讨组织和社会组织的概念与内涵。

所谓组织，就是执行一定的社会职能、完成特定的社会目标、按照一定的形式组织起来的、相对独立的社会群体。组织是一个集体，这个集体有比较清晰的界限，标准的规章，清晰的权力架构、沟通系统、会员联络制度。这个集体持续存在，参与活动要达到一项或一系列目标。

社会组织是社会发展到一定阶段的产物，是人们为了达到特定的目标而有意识地建立起来的共同生活群体，是次级群体的表现形式。社会组织通常有广义和狭义两种。广义的社会组织是指一些人类的共同生活的群体，如家庭、家族等。狭义的社会组织，是人们为了达到某种目标，彼此协调、联合起来形成的社会团体。社会组织的主要构成因素是规范、地位、角色和权威。按照不同的原则，社会组织有不同的分类。最典型的就是按照关系和功能来划分社会组织，前者可以分为正式组织和非正式组织；后者可以分为经济组织、政治组织、文化教育组织、群众组织等。

在社会工作领域被重点关注的社会组织，在国际上通常称为"志愿者组织"或者"非营利组织"（NPO），主要是指以促进国家经济和社会发展为己任，不以营利为目的，具有正式的组织形式，且属于非政府体系的社会组织。相类似的概念还有"第三部门""非政府组织"等。

具体到我们国家，正式使用的是"社会组织"这一概念，而此前基本上是以"社会团体"来称呼这种类型组织的。1998 年，国务院分别出台了社会团体和民办非企业单位的管理条例，以法律法规的形式对两种形式的组织成立予以制度性规范，在《社会团体登记管理条例》和《民办非企业单位登记管理暂行条例》两个文件中，分别对社会团体和民办非企业单位进行了基本的概念界定，指出社会团体"是指中国公民自愿组成，为实现会员共同意愿，按照其章程开展活动的非营利性社会组织"；而民办非企业单位"是指企业事业单位、社会团体和其他社会力量以及公民个人利用非国有资产举办的，从事非营利性社会服务活动的社会组织"。1999 年，中共中央办公厅、国务院办公厅发布的《关于进一步加强民间组织管理工作的通知》，明确规定了对民间组织实行业务主管单位和登记管理机关双重负责的管理体制，还正式提出了"民间组织"的官方称谓。2004 年，国务院出台了《基金会管理条例》，正式将基金会从"社会团体"中分离出来，成为民间组织中一种相对独立的类型。

至此，社会团体、民办非企业单位以及基金会成为相互独立的三种类型，隶属"民间组织"。近年来，社会组织开始逐渐进入官方称谓的范围，与"民间组织"的称谓并存，并逐步过渡到"社会组织"的概念。

从"社会组织"这一概念具有的特征来讲，主要包括民间性、非营利性、公益性、自愿性和自治性等。

二、社区组织

（一）概念及类型

社区组织是近年来广泛使用的概念，尚未形成统一的定义。根据社会组织和社区的本质属性，笔者将"社区组织"界定为，以社区为活动范围，以社区居民为成员或服务对象，以满足社区居民的不同需求为目的而成立的各种社团类组织、民办非企业单位以及其他形式的服务机构或者自治社区机构。这一定义指出社区组织至少包括三个要素：以社区为活动范围，以社区居民为成员或服务对象，以及以满足社区居民的不同需求为目的。这一定义明确了社区组织的活动范围，社区组织的组织成员和服务对象，以及社区组织的组织目的。其组织性质基本上包括两种：社会团体和民办非企业单位①。

不同的社区组织通过各种关系相互联结为一个完整的社区组织有机系统。社区组织大系统包括许多子系统，不同的社区组织子系统共同构成社区组织大系统。按照性质的不同，社区组织可以划分为地域型社区组织和功能型社区组织。地域型社区组织是指在一定地域范围内建立起来的社区组织，如以街道、小区、厂区、村落、村镇为区域范围建立的各种组织。功能型社区组织主要指打破区域界限，完成某一特定目标，发挥某种社会功能的服务机构或组织，如行业服务组织、互助组织、合作医疗组织等。

（二）社区组织结构

组织结构是指组织内部正式规定的、相对比较稳定的构成形式。社区组织结构包括两层含义：一是指社区内某一组织内部的构成形式；二是指社区内各个不同组织之间的相互关系。这里主要分析社区组织的内部结构。比照社会组织的结构分类，当代社区组织的内部结构主要划分为三种类型：等级序列型、职能分化型和目标程序型。

---

① 韦克难. 社区组织管理［M］. 北京：中国社会出版社，2012.

一是等级序列结构。该结构也叫作金字塔式的等级结构。组织成员都遵守科层制度，按上下级关系排列。下一级必须服从上一级的领导，上一级直接决定下一级组织工作的开展。下级单位只接受一个领导的指令，上下级之间的关系简单、明确。信息的传递都是自上而下或者自下而上直线展开。该结构可以有效处理大量信息，但是组织成员之间的横向联系很少，而且该结构会遏制个体的创造性和积极性。

二是职能分化结构。顾名思义，职能分化结构是指组织整体承担的职能在组织内部不同成员间得到了合理的分配。在这样的组织结构中，各级主管者都有专门的工作分工，完成某种职能的所有相关职位和相关部门都被集中在一起，归属于一个更大的职能机构。所有管理职能都集中于一人之手。与等级序列结构相比，该结构的优点主要表现在：各职位和各部门能够互相配合，以专业知识和技能分工共同完成某项工作，活动成效比较显著。其不足之处在于：组织内部各职能部门都有相对独立的领导，各负责一摊事，在某种程度上会削弱组织内部的统一管理。

三是目标程序结构。该结构是指把按职能划分的部门和按产品划分的小组结合起来开展工作。由于目标与程序形成一个矩阵，所以该结构又叫作规划矩阵结构或规划目标结构。其优点在于可以使组织内部各职位、各部门、各机构之间进行全方位的信息交流，并且围绕组织特定的统一目标进行，而不是单一上下指令的发送、接收和反馈等。该结构可以加强横向组织之间的联系，有利于组织成员的合作和工作效率的提高，是一种比较好的组织结构。

社区组织对社区发展意义重大。从社区居民的角度看，社区组织为他们提供了很好的社会化的机会以及参与社区活动的场所，开辟了更多的与社区外部进行信息交流的渠道。社区居民以及居民参与是社区发展的重要因素，社区居民只有组织起来，才能将分散的意见统一起来，整合资源，更加有效地参与社区决策。从社会工作的角度看，社区组织以预防和解决某一社区问题为重点，通过开展社区服务，帮助居民解决现实生活中存在的问题，提高居民的生活质量。社会工作组织常常与社区发展、社区工作联系在一起，共同弥补社会福利政策在执行过程中出现的漏洞和不足。

第二节　我国目前主要的社区组织

随着市场经济体制的逐步建立和完善，社区组织在当代中国社会生活中的地位越来越突出。社区组织的存在不仅使政府的各项方针政策能够及时传递到千家万户，而且在组织人们参与社区事务和社会活动，增进人们对社区的认同感，提高社区内部的凝聚力，维护社会稳定、促进社会发展等方面起着积极的作用。从目前来看，我国主要的社区组织包括业主委员会、志愿者组织、文化体育兴趣组织等。这些社区组织获得了较快的发展，并日益成为影响居民生活的重要力量。

一、业主委员会

业主委员会是一个新兴的社区组织，是随着我国城市住房制度改革的深入而产生的。在社区内，业主委员会是物业管理市场需求的主体，是维护业主权利的主要机构。业主是指"物业的主人"，即物业所有权人。业主委员会受全体业主和非业主使用人委托，旨在维护业主和非业主使用人的合法权益，反映其意愿和要求，支持、配合、监督物业管理公司的工作，共同创造一个良好的生活环境和工作环境。按规定，业主委员会由业主大会或业主代表大会选举产生，每届任期 2～3 年。业主委员会成员由业主或非业主使用人担任，一般由 5～15 人组成，设立主任 1 名、副主任 2～3 名，可以连选连任。业主委员会的主任和副主任在委员中选举产生。

业主委员会的职责：①选聘、续聘或者解聘物业管理公司，与之签订、变更或解除《物业管理合同》；②召开业主大会或业主代表大会，报告自身工作情况和物业管理的实施情况，听取业主、非业主使用人的意见和建议，接受监督；③执行业主大会或者业主代表大会通过的各项决议；④对涉及业主利益的重大事项作出决策；⑤负责本物业管理区域内的维修基金、公用设施专用基金、管理服务费的筹集、使用和管理；⑥审议物业管理公司制订的物业管理年度计划、财务预算和决算报告；⑦支持、配合、监督物业管理公司的管理工作。业主委员会是物业管理区域内代表全体业主对物业实施自我管理的组织，只有在民主、自治、自律、公益的原则下，业主委员会才能在物业管理中发挥主导作用。

二、志愿者组织

志愿者组织是指以志愿服务为主的群众性自治组织，其主要任务是发动和组织志愿者提供定期的、无偿的公益服务，如帮助、照顾老年人，协助维护社区治安，美化、绿化社区环境等。志愿者组织的特点是无偿性、定期性和自治性，是现代文明的一种重要体现。社区志愿者在社区工作中是重要力量和积极参与者。居民志愿者、党员志愿者、青年志愿者等各种类型的志愿组织纷纷成立，参加社区活动和社会服务。有些义工组织与社会工作组织形成了"义工＋社工两工联动"机制，更好地为居民提供专业服务和志愿服务。

三、文化体育兴趣组织

文化体育兴趣组织主要是指社区居民围绕文化活动、个人兴趣、体育锻炼健身等共同爱好，自主组建的自治组织。在每个社区几乎都有这样的组织或社团。该类组织为居民提供了很好的交友、互助、娱乐、健身的机会，同时社区居民也可以通过它们参与不同的社会生活，从而增强对社区的认同感和凝聚力。比如，一个新的商品房小区组织了老年人的歌咏会，老年人积极参与，互相认识，彼此开始交往，这对老年人的精神生活大有益处。

四、社会工作服务机构

社会工作服务机构是以社会工作专业人才为主体，坚持"助人自助"宗旨，遵循社会工作专业伦理规范，综合运用社会工作专业知识、方法和技能，开展困难救助、矛盾调处、权益维护、人文关怀、心理疏导、行为矫治、关系调适、资源链接等服务的民办非企业单位。社会工作服务机构是社会工作专业人才发挥作用的重要平台，是整合社会工作资源、提供社会工作服务的重要载体，是承接政府社会服务职能的重要依托。发展社会工作服务机构，对于加强现代社会组织建设、促进政府职能转变、引导社会力量有序参与社会治理、建立健全社会服务体系，具有十分重要的意义。成立社会工作服务机构，应当符合《民办非企业单位登记管理暂行条例》规定的条件，专职工作人员中应有三分之一以上取得社会工作者职业水平证书或社会工作专业本科及以上学历，章程中应明确社会工作服务宗旨、范围和方式。截至 2023年，全国有社会工作服务机构近 1.9 万家。这些社会工作服务机构的社会工作者与社区、社会组织、社区志愿者、社区公益慈善资源形成"五社联动"机制，充分发挥了资源补充作用，提高了社区服务质量。

第三节　作为社区工作方法的社区组织

一、理论含义

在社会工作研究中，社区工作、社区发展与社区组织经常被作为内涵相似的概念互换使用。事实上，对社区工作者来说，社区组织可以解决社区存在的问题，在整合社区资源、促进社区居民之间相互了解、为居民参与社区事务处理提供良好的渠道等方面作用突出，"是一个以地域、共同利益或共同关注为组成基础的集体。参与者多出于自愿。组织的目标以保障或提高成员的福利为主"。因此，社区组织常常被直接视为社区工作的方法之一。

在社会工作研究中，社区组织又被称为社区小组（community group）、居民组织（resident organization）、邻舍组织（neighbourhood organization）、基层组织（grassroots organization）等。总之，社区组织在内涵上强调三点：①社区组织由一定共同地域内的居民组成；②社区组织为社区提供服务，满足社区居民的需要，为居民提供参与和贡献的机会；③社区组织及其活动都以社区为基地，而且以影响外界政策的制定和推动社会发展为己任。

从社会工作方法的角度对社区组织的概念进行界定，可谓众说纷纭。参照中国台湾学者徐震和林万亿对这些概念的研究分析，社区组织的概念可以划分为三类：一是把社区组织看作一种工作方法；二是将社区组织看作工作过程；三是将社区组织看作方法和过程的融合。

将社区组织看作一种工作方法的主要代表人物有美国学者霍伯斯（Daryl Hobbs）。他认为，社区组织是解决工业化带来的技术与社会变迁所产生的问题的一种方法，其作用是通过新的服务形式，缓和社会矛盾，协助社会团体或者个人更有效地适应社会经济快速变迁的结果。克拉莫（Ralph Kramer）和史佩齐（Harry Specht）则认为，社区组织是指一种干预的方法，它经由专业的变迁媒体来协助由个人、团体与组织构成的社区行动体系，投入有计划的集体行动以解决社会问题。

将社区组织看作工作过程的是著名学者罗斯。他认为，社区组织是一种过程，一个社区经由这一过程去确定其需要或目标，并且设定这些需要或目标的优先级，鼓励其从事改造的信心与努力的意愿，寻求各种资源，并采取果断的行动，通过这种做法来培养社区的合作态度和行为习惯。波尔曼（Robert Perlman）和古林（Arnold Gurin）则强调，社区组织和社会计划是利用组织的方法，满足社会需要和解决社会问题，它需要社区工作者和聘雇他们的团体设法对资源、服务功能与决策权予以再分配。其过程包括组织人们共同行动、设计出政策与方案以达到其目标。

将社区组织视为方法和过程的融合的学者有史基摩尔（Rex A. Skidmore）和格蕾（Milton Geray）。他们认为，社区组织既是社会工作的基本方法之一，也是一条促使社会变迁的途径。凯特纳（Kettner）、戴利（Daley）及尼科尔斯（Nichols）对社区组织的定义是，社区组织是一种计划性的改造模式，包括改造过程、实务场域以及预期的干预形式三个要素。中国台湾学者李增禄也认为，社区组织是一种社区工作的方法与过程，它利用计划与组织工作协助社区居民认清社区整体需要与目标，通过社区方案与社区变迁机构来统筹、协调、发展社区个体、团体和组织，并整合运用社区内外资源，满足社区需要，达到社区目标，以适应社会变迁与生活环境的变化。赖雨阳认为，社区组织常被看作改善不同福利机构间关系的一种方法，经过协调可以避免服务的重复使用和资源的贫乏，以提供有效率、有效果的福利输送。

综上所述，笔者认为，社区组织是社区工作的一种工作方法，它利用组织的形式，帮助社区居民提高参与社区事务的能力，代表与协调不同群体的利益，整合社区资源，解决社区问题，满足社区需要，推动社区发展。

二、历史发展

作为社区工作方法的社区组织，其起源可以追溯到 18 世纪末德国汉堡制和爱尔伯福制两种济贫制度出台后引发的社会运动，以及 19 世纪末英美慈善组织会社和睦邻组织运动的发展。西方国家在工业化过程中出现的各种社会问题需要以更加有效的社会工作方法来解决，英、美等国利用社区组织来解决城乡发展过程中出现的问题，取得了较好的社会效果。随后，社区基金会、社区福利中心和社区福利委员会等社区组织纷纷成立，对促进社区发展产生了积极影响。

1869 年，英国利物浦成立了社区联合募捐组织，定期举行有组织、有计划的联合募捐行动，推动和发展了社区社会工作。1913 年，美国克利夫兰市成立了第一个具有现代理念的社区基金会。该基金会制定了社区福利预算制度，按照社区需要来规划事业和编制预算，并开展有组织的募捐活动。以该类基金会的募捐活动为蓝本，美国在第一次世界大战期间成立了许多类似的战争基金会，战后统一改为"社区联合募捐组织"，到 1918 年成立了美国社区组织协会，这标志着美国社区组织发展到一个全新的阶段。美国慈善组织运动还促成了社区组织中其他工作机构的产生，如社会福利委员会、社会服务交换所、社区机构会议、社区福利中心等。其中，社区福利委员会是最重要的机构。社区福利委员会由社区内的社会福利机构和社区团体联合组织，对社区的福利机构、福利计划、福利工作进行协调，同时统筹计划、分配社区基金，组织居民参与计划和预算工作，对社区发展发挥重要作用。

在社区组织实践越来越广泛的同时，研究者们对社区组织理论所涉及的领域及研究方法也展开了热烈讨论。1946 年，在美国布法罗市召开的国际社会工作学会年会，倡议成立了社区发展协会。此后，学术界将社区组织视为社区社会工作的一个基本过程，并对社区组织的定义和功能进行专门研究。1962 年，国际社会工作教育协会的课程再次确认社区组织在社区工作训练及实习上的重要性，这标志着社区组织正式成为社区社会工作的基本方法之一。

从英、美等国社区组织的发展历史来看，社区组织是达到社区社会工作目标、推动社区发展的必要条件。一些具体的组织活动和专门的社区组织可以在很大程度上促进社区服务和社区福利事业，从而推动社区整体的发展。从这一角度看，社区组织本身是一个组织系统，同时也是一项具体的工作和活动。

三、社区组织的目标与功能

在社区工作中，社区组织有其特定的工作目标和社会功能。社区组织针对不同的服务对象提供多元化的服务，发挥不同的功能。其目的是帮助居民解决困难，协助他们参与社区事务，争取更多的资源和福利，推动社区全面发展。

（一）社区组织的目标

社区工作的目标：以社区和社区居民为服务对象，通过发动和组织社区居民集体参与行动，确定社区问题及其需求，调整或改善社会关系，减少社会冲突；寻求社会福利需要与社会福利资源的有效配合，以满足社区成员的需要，改善社区生活，促进社会进步；改善和调动社会资源的分配，尽可能实现社区内的公平和公正，推动社区发展。社区组织与社区工作的目标在本质上是一致的。

社区工作的目标可分为任务目标和过程目标。前者主要解决具体的社会问题，后者主要培育居民的参与精神，促进社会的发展。根据不同的参照物，社区组织的目标可以做多种划分。

任务目标和过程目标：任务目标是指在工作过程中具体解决的问题和达到的目标；过程目标又称系统维持目标，是指维持组织的现状并进一步发展的目标。

正式目标和操作目标：正式目标是指支持组织成立的期望和原因，成员共同认可的最高理想与期望是组织的正式目标；在特定环境下被成员认可的目标是操作目标。

显性目标和隐性目标：显性目标是指得到成员了解和认同而公开制定出来的目标；隐性目标是指那些虽然没有被成员留意或认可，但影响组织推行活动时的方向的目标。

邓纳姆认为，社区组织是一种社会互动的自觉过程、是一种社会工作方法，包含以下几个目标。

一是在社区或者其他领域中，了解需求与资源的供需状况，以满足多方的需求。

二是通过协助社区发展、增强和维持参与、自我抉择及合作协调之品质，使社区更有效地处理社区自身问题并达到目标。

三是促进社区及团体关系，以及决策分配的改变。

（二）社区组织的功能

不同的社区组织在实现社区工作目标过程中会体现不同的功能，概言之，社区组织的功能主要有三种。

1. 提供服务

为居民提供服务是大多数社区组织最基本的功能。社区组织一方面可以整合资源，弥补政府提供服务的不足；另一方面可以直接参与生产，提供服务。比如，利用社区居民的空闲时间和劳动技能，提供廉价服务。同时，社区还可以通过与政府提供的服务进行竞争，促进政府改变服务模式，提高服务效率，使更多的社区居民从中受益。

2. 增强社区认同感，提高社区凝聚力

社区组织的形成过程就是将居民个体的力量集合起来，将分散的资源整合起来，共同面对社区存在的问题，满足社区居民的需要。社区组织对居民

的帮助不仅在于物质上的辅助，更在于心理上的支持，能够使居民对社区的认同感提高，使社区凝聚力得到提升。

3. 促进社区参与

社区参与是社区工作的核心任务，是民主价值的体现，也是了解社区需要、促进社区发展的最佳途径。社区组织在促进社区参与，尤其是政治参与方面起着举足轻重的作用。这是因为，社区组织可以对社区居民的不同需求进行整合和分析，向相关的社会机构及政府有关部门提出，通过咨询、参与和支持政府的活动，影响政府决策，增强政府政策制定的科学性，推动政府提高依法执政能力。同时，社区组织引导居民广泛参与，还可以督促政府及时对社区居民的呼吁作出回应。在社区内部，社区组织通过组织活动，采用民主讨论等形式，使居民熟悉民主精神、理解民主知识、掌握民主技能，从而增进居民对政府管理和社区发展的了解，吸纳更多社区居民参加社区组织的活动。

四、社区组织的发展阶段

罗宾斯用生物的生命周期生动地比喻一个组织的发展历程，形象地说明它的兴衰。他认为，生命必然经历产生与形成、生长、成熟、衰落4个阶段，与此相似，组织的发展也可以分为经营期、集体化期、成形和控制期、结构完善期、衰落期等阶段。罗宾斯的观点反映了社区组织的发展有一定规律可遵循，但是对于如何划分和界定，不同学者提出的不同意见，却难以统一起来。

布伦等人（Blum，et al.，1985）强调应重点考察组织在结构上的改变，如规章制度的产生与执行、各种职位的职责范围、与外界的关系，以及如何重新安排社区组织的角色以面对社区的转变和挑战。在研究了4个社区组织发展阶段后，他们总结提炼出6个发展进程：产生，正式化，联合，转型，再生与联合、稳定、转型、衰落。

布雷格等人（Brager，et al.，1987）则从另一个角度来分析社区组织的进程。他们从组织成员间的关系入手，认为成员间最初是普通的群体关系，进而建立较深入的个人交往，再转化为小组成员认同的共同目标，而成员间的关系也从个人层次转化为组织间的规范制定。他们总结的 4 个发展阶段是社会化小组，初级群体，组织发展小组，制度化关系组织。

科恩（Kahn，1970）将社区工作者介入时的事件节点作为分析组织发展阶段的依据。在他看来，一般的社区组织在一个社区内开展工作时必须经历 11 个阶段：进入社区，分析社区，进行接触，集结居民，发展社区领袖，组织工作，设定优先次序，运用权力与谋略，建立政治力量，自主谋略，离开社区。其中集结居民，发展社区领袖，组织工作，设定优先次序，运用权力与谋略等，都是组织在发展过程中应做的工作。

同样是以工作阶段为划分标准，亨德逊等人（Henderson，et al.，1989）则将它分为 9 个阶段：进入社区，了解社区，需要、目标与角色，接触与集结居民，形成和建立组织，澄清目标和优先次序，维持组织运作，处理朋友和敌人，离开及工作完成。

从上述对主要流行观点的介绍不难看出，影响某一社区组织发展与成熟程度的因素主要包括：组织目标、结构，组织成员的关系与认同、参与程度，组织是否被外界接纳等。这些因素综合协调及运作的情况，决定了一个社区组织的发展轨迹。

第六章

社区服务

随着经济社会的发展，社区居民对社区服务的需求越来越多，要求越来越高。加快发展社区服务是保障和改善民生、提高居民生活水平和生活质量的民心工程；是拉动内需、扩大就业、促进经济发展方式转变的助力工程；是加强和创新社会管理、维护社会和谐稳定的基础工程。

第一节　社区服务综述

社区服务是构成社区要素的一个关键层面，主要目标任务是进一步健全新型社区治理和服务体制，强化社区服务体系和信息化建设，建立较为完善的社区服务设施、服务内容、服务队伍、服务网络和运行机制。

一、社区服务的含义与特点

服务是指为他人做事，并使他人从中受益的一种有偿或无偿的活动，其不以实物形式而以提供劳动的形式满足他人某种特殊需要。孙中山在《民权主义》第三讲指出："人人应该以服务为目的，不当以夺取为目的。"

社区服务是指政府、社区居民委员会以及其他各方力量直接为社区成员提供的公共服务和其他物质、文化、生活等方面的服务，主要具有以下特点①。

---

① 唐忠新. 社区工作理论与实务［M］. 天津：天津社会科学院出版社，2016.

区域性：以城区、街道和社区居民委员会为依托，在一定地域范围内开展。

福利性：属于公益事业，是社会福利事业的深化和发展，不以营利为目的，而是把社会效益放在首位。

群众性：居民群众是主体，在社区范围内，人人都是服务对象，人人又都是服务者。

互助性：主要依靠社区居民群众自助互助，发挥各自专长和优势，解决社区自身问题。

服务性：以便民利民服务为宗旨，解决社区成员的实际困难和问题。

综合性：涉及各级、各部门、各社区成员，是一项系统工程。

二、社区服务的目标任务

从基本国情和经济社会发展现实出发，按照加强和创新社会管理的总体要求，进一步健全新型社区治理和服务体制，强化社区服务体系和信息化建设，建立较为完善的社区服务设施、服务内容、服务队伍、服务网络和运行机制。

（一）合理配置社区服务设施

社区服务设施综合覆盖率达到 90%，每百户居民拥有的社区服务设施面积不小于 20 平方米，基本建成以社区综合服务设施为主体、各类专项服务设施相配套的综合性、多功能的社区服务设施网络。积极推进社区服务信息化建设，在有条件的地区，建设社区综合服务信息平台，逐步改善社区信息装备条件和提高社区服务的信息化水平。

（二）优化社区服务内容

推动社区公共服务广覆盖、群众性互助和志愿服务制度化、社区专业服务和商业服务规范便利，建立公共服务、便民利民服务、志愿服务有效衔接的社区服务体系，实现居民群众生活舒适方便①。

（三）壮大社区服务队伍

扩大来源渠道，提高社区服务人员的专业化、职业化水平，大力推行社区志愿者注册登记制度。每个社区至少拥有 1 名大学生或 1 名社会工作专业人员、80% 以上的社区党员和 30% 以上的社区居民参与社区志愿服务活动，基本形成一支专业素质较高、服务能力较强、社区居民满意的社区服务队伍。

（四）完善社区服务体制机制

完善社区服务体系建设的法律、法规和政策，建立健全社区组织，着力理顺社区内外权责关系，健全政府部门之间的协调机制、政府与社区之间的协作机制、社区组织之间的互动机制，优化社区服务发展的制度环境。支持引导社区自治组织、各类社会组织、志愿者参与社区服务。80% 以上的社区居民委员会实行直接选举，每个社区拥有 5 个以上的社区社会组织；80% 以上的驻社区单位与社区签订共驻共建协议。基本建立多方参与、优势互补、利益协调、规范有序的社区服务运行机制。

三、社区服务的主要原则

社区服务工作要高举中国特色社会主义伟大旗帜，以邓小平理论和"三个代表"重要思想为指导，深入贯彻落实科学发展观，贯彻习近平新时代中国特色社会主义思想，大力推进社会主义核心价值体系建设，立足国情、加快发展，逐步建立面向全体社区居民，主体多元、设施配套、功能完善、内容丰富、队伍健全、机制合理的社区服务体系，把社区建设成为管理有序、服务完善、文明祥和的社会生活共同体。

---

① 陈新祥，陈伟东．城市社区工作理论与实务［M］．北京：中国社会出版社，2014.

（一）以人为本，服务居民

始终把实现好、维护好、发展好社区居民的根本利益作为工作的出发点和落脚点，以居民的服务需求为导向，把居民满意度作为检验工作成效的重要标准，真正把社区服务体系建设成为服务居民、造福居民的民心工程。

（二）政府主导，社会参与

在党委统一领导下，发挥政府在规划制定、政策引导、资金投入、监督管理等方面的主导作用，确保社区服务的公益性和便民利民特点，增强社区服务可持续发展能力。大力培育和发展各类服务性、公益性、互助性的社会组织，鼓励和支持社会组织、企事业单位与社区居民参与社区服务，完善民主决策机制，发挥多元主体在社区服务体系建设中的作用①。

（三）资源整合，共建共享

充分发挥现有服务设施和网络作用，逐步整合与社区服务设施建设有关的资金、项目和资源，最大限度降低社会成本，防止资源浪费。把社区服务体系建设与推进街道社区党的建设"三有一化"（有人员管事、有经费办事、有场所议事，构建区域化党建工作格局）工作，与加强社会管理、维护社会和谐稳定结合起来，注重社区服务体系规范化建设，建立健全科学高效的社区服务管理运行机制和共驻共建机制，发挥综合效益，增强服务功能。

（四）因地制宜，分类指导

既要全面谋划、科学布局、注重长远、整体推进，又要坚持从实际出发，量力而行，逐步完善社区服务体系；既要把握社区服务体系建设的统一要求，又要立足不同地区不同情况，突出重点，强化特色，分类指导，力戒形式主义。

---

① 黄建．社区治理［M］．成都：电子科技大学出版社，2019.

第二节　社区服务内容

随着社区建设的日益深入，社区服务对象已经从民政对象扩展到全体居民，服务范围和领域从单纯的福利服务延伸到社区居民生活的方方面面，服务内容也从便民利民服务、志愿服务扩展到政府公共服务、服务设施建设等。

一、公共服务

社区公共服务是指在社区范围之内，对公共利益、公共事务的管理和维护以及通过公共财政向社区居民提供的各种旨在满足居民生产生活基本需求的就业、教育、卫生、社会保障等服务。

（一）社区保障救助服务

全面建设街道、社区社会保障与社会救助工作平台，建立健全基层公共就业服务和社会保障服务制度，完善社区就业和城镇居民社会养老保险、最低生活保障、医疗救助等社会保障服务工作平台，推进创建充分就业社区。加大政府购买社区公益性岗位力度，开发社区公共保洁、环境绿化、设施维护以及托老、托幼、托残服务等公益性岗位，努力解决困难群体就业问题。实现社区居家养老服务基本覆盖，大力开展残疾人社区康复服务和社区残疾儿童康复教育服务。推动社区慈善超市建设，实现社会捐助制度化、经常化。

（二）社区法律治安服务

加强综合警务改革创新和综合治理组织、综治信访维稳工作站建设和以治保会为主体的群防群治队伍建设，整合各种社会资源，全力维护社区治安稳定。构建公共卫生、食品安全、群体性突发事件、自然灾害等社区应急反应机制，提高应对突发事件、保护居民安全的能力。加强流动人口服务和出租房屋管理，依法做好信息登记、证件办理等工作。深入开展人民调解、安置帮教、法治宣传、法律服务等进社区活动，进一步强化社区矫正、社区消防工作。

（三）社区卫生服务

进一步健全社区卫生服务网络，基本实现每个街道拥有 1 所社区卫生服务中心，为社区居民提供安全、便捷的基本医疗服务和免费的基本公共卫生服务。

（四）社区科教文体服务

广泛开展邻居节、文化艺术节、趣味活动节、体育健身节和科普活动周活动。深入推进社区教育，开展形式多样、内容丰富的教育培训服务。加快社区文化活动场所建设，打造开放式活动平台。推进建立公共电子阅览室和公益性未成年人上网场所。每个社区建有 1 个以上的体育活动场所，有条件的社区建设多功能运动场。

二、商业和便民利民服务

社区商业服务是指以社区范围内的居民为服务对象，以满足和促进居民综合消费为目的的服务。社区便民利民服务项目较多、范围很广，宗旨是方便居民生活，缓解居民在衣、食、住、行以至学习、娱乐等各方面的难题，使他们能够安居乐业。

（一）商贸服务业

推动便利消费进社区、便民服务进家庭，鼓励和支持各类组织、企业和个人兴办居民服务业，重点发展社区居民购物、餐饮、维修、再生资源回收等服务业，培育新型服务业态和服务品牌，初步建立规划合理、结构均衡、竞争有序的社区商业体系。鼓励商贸服务企业运用连锁经营的方式到社区设立超市、便利店、标准化菜店和餐饮、维修等便民利民服务网点，打造生活服务集聚区和"15分钟便民服务圈"。做好社区商业规划，选择大型居住区建设社区商业中心，探索建设商务休闲、夜间休闲、旅游休闲等特色街区。鼓励邮政、电信、金融、燃气、自来水、电力等公用事业服务单位在社区设点服务。加快发展社区物流配送、快递派送、代理服务、保健服务，实现送货上门、送餐上门、修理上门、服务上门。倡导利用信息技术开展社区便民服务，发展网上交易、网上服务。扶持"中华老字号"企业发展，促进形成一批拥有自主知识产权和知名品牌、具有较强竞争力的社区服务业龙头企业。

（二）家庭服务业

统筹家庭服务业发展，支持大中型家庭服务企业通过连锁经营等方式到社区设立便民站点，提高社区服务质量。重点发展社区家政、养老、家庭陪护、残疾人托养、家庭教育等服务。引导家庭服务公司树立品牌意识，重视商标注册和品牌保护，通过专业化、标准化、信息化建设，实现规模化经营，争创国家级和省级品牌。加强家庭服务管理机构和中介机构人员培训，制定家庭服务业标准和家政企业等级标准。当地政府通过资金扶持、金融支持、政策引导、舆论宣传等形式，支持一批家政服务企业做大做强。

（三）社区物业服务

完善物业管理工作机制，健全市场监管体系，规范准入机制，形成公开公平公正的物业服务市场秩序。建立社区治理和物业管理联动机制，引导物业服务企业兑现服务承诺、履行社会责任，规范物业服务委托方与受托方的责权利关系和行为，落实物业服务质价相符原则。新建住宅小区建设单位应当选聘物业服务企业进行前期物业管理。对无物业管理服务的老旧住宅小区，当地政府要引导其建立物业管理机制。积极拓宽物业服务领域，从住宅小区建成交付后的建筑物管理，向物业全过程管理和为居住者提供全面服务延伸拓展。加强业主委员会制度建设，健全业主大会、业主委员会组织建设，促进业主委员会规范管理。健全从业人员业务培训和持证上岗制度，规范服务行为、提高服务质量。

三、志愿服务

社区志愿服务（community volunteer service）是指社会组织和个人自愿用自身的时间、技能等，在社区为居民和社区慈善事业、公益事业提供帮助或服务的行动。大力倡导和扶持、发展社区志愿服务，是构建社会主义和谐社会，落实习近平新时代中国特色社会主义思想，在全社会形成奉献、友爱、互助、进步的时代新风，加强社会建设的重要内容。

（一）壮大志愿服务队伍

根据社区居民构成，培育不同类型、不同层次的社区志愿服务组织。积极推行党员到居住地社区报到制度和党员社区表现反馈制度，充分发挥党员的先锋模范作用。组织和带动公务员、专业技术人员、教师、共青团员、青少年学生以及身体健康的离退休人员等加入志愿者服务队伍。通过广泛推行注册志愿者制度、"一助一"长期结对服务计划，吸引、动员广大青年参与；通过开展"中学生成人预备期志愿服务""爱心助成长"志愿服务计划等，将未成年人组织起来；通过开展面向妇女、家庭的"三八红旗手""巾帼建功标兵""五好文明家庭"评选等，激励妇女参与社区事务；通过动员社会理解、尊重、关心、帮助残疾人，促进残疾人平等参与社会生活；通过动员和组织低龄、健康、有特长的老年人投身社区志愿服务，发挥老有所为重要作用；等等。

（二）加强志愿服务管理

建立健全激励保障机制，通过政府购买服务等方式，推动社区志愿服务规范化、制度化、法治化。依托物业公司，由党组织、居民委员会、物业公司联合设立志愿服务工作站，开展社区志愿者注册登记，建立志愿者档案和志愿服务数据库，实现志愿者、服务对象、活动项目有效对接。

（三）动员驻社区单位参与

鼓励和支持驻社区单位和社区居民开展邻里互助、邻里守望等群众性互助服务活动，为老幼病残等困境群体提供服务。倡导并组织社区居民和驻社区单位开展社会捐赠、互帮互助、承诺服务，为社区困难群体提供帮扶服务。每个社区80%以上的驻社区单位与社区签订共驻共建协议，基本建立多方参与、优势互补、利益协调、规范有序的参与机制。

四、服务设施

社区服务设施包括社区组织办公用房和公益性服务设施，是社区党组织、居民委员会、群团组织开展工作和社区居民开展活动的有效平台和载体，是城市基础设施建设的重要内容。

（一）有关概念内涵

社区组织办公用房主要包括社区居民委员会、社区党组织办公室和社区"一站式"服务大厅。社区公益性服务设施主要包括社区居家养老服务站，党员活动室，工会、共青团、妇联、老年人、残疾人等活动室，市民学校，图书（电子）阅览室、资料室，文体活动室，会议室，警务室（站），卫生服务站，综治维稳站，室内健身活动场所，棋牌室，"爱心超市"，捐助接收站点，未成年人文化活动场所，幼儿园等为居民提供服务和供居民活动的场所。社区服务站是指在社区层面建设的综合性、多功能的服务大楼，一般以设立社区"一站式"服务大厅为标志。社区服务中心是指在街道层面建设的综合性、多功能的服务大楼。其他社区服务设施是指民政业务范围以外的其他以提供服务为主的社区服务设施，如社区文化服务站、残疾人康复站等。便民利民服务网点是指社区居民委员会设立的方便社区居民生活、提供各种生活服务的网点，如小卖部、报刊亭、便利店等。社区服务设施覆盖率是指社区服务站、社区服务中心及其他社区服务设施的总和除以当年期末社区居民委员会数乘100%，即

$$\text{社区服务设施覆盖率} = \frac{\text{社区服务站} + \text{社区服务中心} + \text{其他社区服务设施}}{\text{当年期末社区居民委员会数}} \times 100\%$$

（二）明确建设标准

统筹社区卫生、文化、体育、养老、警务、公共就业、社会保障、残疾人康复等规划建设，将社区综合服务站建设纳入城市规划、土地利用规划和社区发展相关专项规划。加大财政投入，通过新建、改建、扩建、购买、置换、租赁等方式，使每个社区综合服务站面积达到 200 平方米；户口在 1000 户以上的，2020 年前每百户拥有的社区综合服务站面积不应少于 20 平方米。管辖区域较大、服务对象较多的社区，可适当提高用房标准。

（三）合理布局网络

每个社区设立 1 个综合服务站，每个街道至少拥有 1 个综合性的社区服务中心。按照《城市居住区规划设计规范》，科学规划配置社区综合服务设施和社区基础商业网点，新建社区商业网点与新区建设同步规划、同步建设；已建社区的商业设施结合旧城改造进行改造完善，适当集中。推行《社区商业设施设置与功能要求》，优先支持必备型社区商业业种及业态的设置。新建社区（含廉租房、公租房等保障性住房小区、棚户区改造和旧城改造安置住房小区）商业和综合服务设施面积占社区总建筑面积的比例不得低于 10%。地方政府应出资购买一部分商业用房，用于支持社区菜店、菜市场、农副产品平价商店、便利店、早餐店、家政服务点等居民生活必备的商业网点建设。严格用途管理，网点用房不得随意改变性质，挪作他用。

（四）严把建设关口

规划主管部门按相关规范标准统筹规划社区公共服务设施用地。在规划审批验收时将社区公共服务设施用地作为重点审查内容严格把关，未按规划要求配建社区公共服务设施的，不得批准验收。新建住宅小区和旧城区连片改造居住区的各类社区公共服务设施应与住宅同步设计、同步施工、同步验收、同步交付使用。验收合格后，建设单位按规定将社区居民委员会工作用房和居民公益性服务设施交给所在地街道办事处（乡镇政府）使用管理。对零星开发的住宅区，开发商可按建筑面积2‰~5‰的标准折算缴纳社区配套用房经费，专门用于建设和购买社区配套用房。老城区和已建成居住区没有社区居民委员会工作用房和居民公益性服务设施的或者不能满足需要的，由县（市、区）人民政府负责建设，或者以调剂、购买、租借等方式解决，所需资金由各级人民政府统筹解决。社区综合服务站提倡"一室多用"，提高使用效益，其水、电、燃气、电信等费用按照当地居民使用价格标准收取。市、县（市、区）人民政府要出台规定，明确设施建设的资金来源、产权归属和使用管理方式等。

五、重点工程

当前和今后一段时期，社区服务主要突出以下四项重点工程。

（一）社区综合服务站建设工程

1. 建设内容

以居民需求为导向，因地制宜建立健全社区服务中心、社区综合服务站设施网络，构建以社区为基础的基层社会管理和公共服务平台，提升社区基本公共服务能力。

2. 建设方式

充分利用现有公共设施，通过新建、改建、扩建、购买、置换、改造、调剂使用等方式改善服务条件。有条件的地方，根据实际情况对各类社区专项服务设施进行合理整合，统筹建设。

3. 资金来源

以当地多渠道自筹为主、省级补助为辅的方式筹措建设资金。省级从一般预算资金、省级福彩公益金、党费等多渠道筹集资金。其余资金由各地政府多渠道筹集，不得增加社区债务和居民负担。具体分担办法由设区市确定。

（二）社区服务信息化建设工程

1. 建设内容

按照"数字社区"总体技术框架和技术标准开展工程建设。改善社区服务设施网络环境和信息技术装备条件；整合汇聚延伸到社区的民政、人口、社保、卫生、就业等业务系统的数据，建立居民、家庭、社会组织、社区活动电子档案，建立满足社区工作需要的属地化综合数据库，开发满足排查登记、民意调查、帮扶服务等社区工作需要的社区业务系统；实现社区服务队伍、服务人员、服务对象信息数字化，并逐步规范化、标准化，形成互联互通共享的信息服务系统。

2. 建设方式

推动社区服务的数字化转型，包括居民协商、政府服务、养老、家政、医疗和儿童照护等服务的在线化。升级社区的物业、安全等基础设施，实现智能化。集中力量建设智慧社区信息系统，并开发移动应用，使线上线下服务更加紧密。推动数字社区服务和智慧家庭的发展，使社区和家庭的服务更加智能化。同时，探索无人物流配送进入社区的可能性。使"互联网＋"与社区服务更加紧密，打造一个方便、精细管理、设施智能、环境舒适、隐私安全的智慧社区。鼓励社会资本投资建设智慧社区，利用5G、物联网等现代技术推进智慧社区的信息基础设施建设。

3. 资金来源

建设资金以地方和有关部门投入为主，鼓励社会力量参与社区信息化建设，支持企业与社区开展合作。

（三）社区服务人才队伍建设工程

1. 建设内容

建立社区服务人才职业化、专业化标准体系和评估制度，加强对社区服务人员的教育培训，推行社区志愿者注册登记制度，建设家政服务工程。

2. 建设方式

继续组织实施"高校毕业生服务社区计划"，每年招募高校毕业生到社区工作，服务期 2 年。支持社区服务人员参加各种职业资格考试和学历教育。对社区服务人员进行系统培训，每名社区服务人员至少培训 1 次。推进社区志愿者注册登记工作，注册社区志愿者在本地区居民总数 10% 以上，每个社区有 80% 以上的社区党员和 30% 以上的社区居民参与志愿服务活动，拥有 5 支以上志愿者服务队伍。引导家政服务从业人员参加各类职业技能培训，鼓励其参加职业技能鉴定，获得相应级别资格证书，推动其持证上岗。

3. 资金来源

建设资金以地方投入为主。

（四）社区生活服务业促进工程

1. 建设内容

遵循"便民利民导向，企业自主运作，政府扶持促进"原则，有效整合社会商业资源，加快社区生活服务业网点建设。

2. 建设方式

省级财政支持推动企业以连锁经营等方式新建、改造社区便利店，实现便利消费进社区目标。每年重点推动 1 个试点设区市建设 1 个家政服务网络中心，培育 5 家以上管理科学、运作规范、经营良好的家政服务龙头企业和 10 家左右中小专业型家政服务企业，推动家政服务企业规模化、连锁化发展。鼓励各类投资主体积极参与建设、改造标准化的面向社区居民服务的固定或流动式废旧物资回收网点，发挥中小企业的优势，整合传统回收网络，形成以社区回收站点和中转站为基础，以分拣中心、集散市场为核心，以加工利用为目的的再生资源回收网络体系。

3. 资金来源

建设资金以地方投入为主，除争取中央财政资金支持外，省级财政每年安排 1000 万元用于推动社区便利店建设。

六、优惠政策和保障措施

社区服务是一项惠民利民的福利工程，必须采取有力的保障措施，使其享受一定的优惠政策。

第一，各级政府将社区服务业发展纳入当地国民经济和社会发展总体规划，将社区服务设施建设纳入城乡规划和土地利用总体规划，统筹安排，进一步提升社区基本公共服务能力。

第二，实行资源共享、共驻共建，社区单位活动、服务场所（包括文体、娱乐、生活服务）对社区居民开放，符合有关规定的可以享受税收优惠。工商部门对社区服务业在注册资金、从业人数、办证手续等方面给予放宽；降低社区服务业创业门槛，凡在住宅小区内有固定场所，为小区居民或村民提供自行车维修、小家电维修、缝纫修补、疏通管道和卫生保洁等服务的，可以不办理营业执照，只需向所属居民委员会或村民委员会备案；在不影响交通、市容环境卫生和安全生产的情况下，允许在社区内统一配置轻型建筑材料货亭或开辟便民早市摊点；对家政服务企业由员工制家政服务员提供的家政服务取得的收入免征营业税；对于托儿所、幼儿园、养老院、残疾人福利机构提供的相关服务，免征营业税；老年服务机构自用房产、土地，符合有关规定的，免征房产税、城镇土地使用税；社区小微企业符合年应纳税所得额低于6万元（含6万元）的，所得减按50%计入应纳税所得额，按20%的税率缴纳企业所得税；3年内免征社区小微企业部分管理费、登记费和证照类事业性收费；对社区符合再就业政策的企业、网点要落实减免税费、资金补贴、小额贷款等政策；为特殊人群服务的社区福利性项目免征营业税。加大信贷支持小微企业力度，鼓励符合条件的企业申请劳动密集型小企业贴息贷款；对为小微企业提供融资担保的担保公司由省级财政给予风险补贴；支持小微企业承担政府购买的社区服务。

第三，支持龙头企业进社区，发展连锁经营网点，鼓励小微企业加盟龙头企业连锁体系，连锁网点可凭总部证照直接办理网点执照；允许符合规定条件的连锁企业的总部经审批后统一申报增值税、营业税、所得税。

第四，鼓励社区服务业创新服务方式，完善服务质量管理体系。发展连锁经营、综合经营、配套服务等现代经营方式，整合资源，推动示范企业、示范网点建设，提高品牌服务商的市场占有率，形成一批信誉好、实力强的品牌企业。加强诚信体系建设，不断提高服务水平和服务满意度。

第五，将社区服务设施与维护经费、人员报酬、工作经费、信息化建设经费等纳入财政预算，设立专项资金，加大福利彩票、体育彩票公益金对社区福利和文体设施建设的投入力度。不断拓宽社区服务业资金来源渠道，鼓励企事业单位、社会团体、个人和外资以多种形式捐赠或兴办社区服务事业，建立多元化投入分担机制。

第三节　社区服务的主体

随着经济社会的发展，社区治理方式正在发生变化，社区服务主体也呈现多元化格局，从传统的依靠政府和社区居民委员会，转变到社区社会组织、社区企事业单位、居民群众共同参与，新型的城市社区服务多主体模式正在形成。

一、政府

政府在传统的社区服务体系中扮演"守夜人"角色，在配置社会服务资源方面具有重要的优势，发挥主体作用。

一是把加强和改进社区服务工作与提高居民生活质量、实施社会救助和再就业工程、发展第三产业、促进精神文明建设等各项工作紧密结合起来。

二是从实际出发，因地制宜，分级制订社区服务发展规划，确定发展目标和重点，完善相关政策措施，促进社区服务各项工作落到实处。

三是帮助社区落实开展公共服务的资金、场所和人员，对社区组织开展的互助性服务、志愿服务和社会力量兴办的微利性商业服务给予政策和资金扶持；对社区营利性商业服务要积极引导其向产业化、市场化发展，充分发挥行政机制、互助机制、志愿机制、市场机制在社区服务中的作用。

四是加强对社区服务活动的监督管理[1]。综合运用行政、法律手段监督、

---

[1]　刘姿．社区卫生服务工作实务［M］．成都：四川科学技术出版社，2011.

管理社区服务。推动制定各类社区服务行业标准并监督执行。建立健全反映社区服务设施、服务管理、居民需求及满意度等有关信息的采集及工作评估体系。严格财务和审计制度，严禁将救助、福利、公益款物等挪作他用。及时解决社区服务发展中的各种问题，及时查处违法违纪和损害居民利益的行为，保证社区服务健康发展。

二、社区居民委员会

社区居民委员会作为基层群众性自治组织，对满足社区和居民群众的需求具有直接沟通和提供服务的优势，在社区服务产品提供中起着重要的骨干作用。

首先，社区居民委员会在了解社区居民需求、提供便民服务方面具有独特优势和重要作用，要定期听取居民对社区公共服务的意见，并积极向政府反映，促进社区公共服务质量的不断提高。

其次，社区居民委员会组织动员驻社区单位和社区居民开展邻里互助等群众性自我服务活动，为居家的孤老、体弱多病和身边无子女老人提供各种应急服务，为优抚对象、残疾人及特困群体缓解生活困难、提供服务；倡导社区居民和驻社区单位开展社会捐赠、互帮互助，对社区困难群体实行辅助性生活救助；管理、利用好社区公益性服务设施，方便社区成员生活。有条件的地方，可以根据居民需要，以热线电话救助网络、社区智能服务网络、社区服务站、社区公共服务社等服务载体，提供非营利服务。

最后，社区居民委员会组织居民参与文化、教育、科技、体育、卫生、法律、安全等进社区活动；支持社会各方面力量利用闲置设施、房屋等资源兴办购物、餐饮、就业、医疗、废旧物资回收等与居民生活密切相关的服务网点，并维护其合法权益；引导和管理各类组织和个人依法有序开展社区服务；正确处理与社区物业管理企业的关系，支持和指导物业管理企业依法经营。

三、社区社会服务组织

社区社会服务组织包括各种社会团体、民办非企业单位和群众为满足生活文化需求而建立的临时性组织。它是社区居民委员会和居民之间的桥梁，其主要功能是对社区居民委员会工作任务进行分解和强化，发挥重要的协助作用。

（一）社区生活服务类社会组织

支持和鼓励社区居民成立形式多样的慈善组织、群众性文体组织、科普组织和为老年人、残疾人、困难群众提供生活服务的组织，使社区居民在参与各种活动过程中，实现自我服务、自我完善和自我提高。积极支持社会组织开展社区服务活动，加强引导和管理，使其在政府和社区居民委员会的指导、监督下有序提供服务。

（二）社区志愿服务组织

积极动员共产党员、共青团员、公务员、专业技术人员、教师、青少年以及身体健康的离退休人员等加入志愿服务队伍，优化志愿人员结构，壮大志愿人员力量。推动志愿组织和志愿人员开展社会救助、优抚、助残、老年服务、再就业服务、维护社区安全、科普和精神文明建设活动，不断创新服务形式，提高服务水平。

（三）"三社联动"

构建以社区为平台、社区社会组织为载体、社区工作者为骨干的"三社联动"机制，为居民提供多形式、全方位、专业化服务。重点扶持生活服务、文体娱乐、慈善救助、维护权益、卫生保障、居家养老、托幼早教、治安联防等具有居民需求共性的社区社会组织。

四、各类组织、企业和个人

驻社区单位、其他社会组织和居民群众、社会各界人士参与社区服务的契合度大小，直接体现了社区服务社会化程度的高低，对深化社区服务起到重要的助推作用。

（一）鼓励和支持有关单位服务设施向社区居民开放

按照互惠互利、资源共享原则，积极引导社区内或周边单位内部食堂、浴池、文体和科教设施等向社区居民开放。充分利用社区内的学校、培训机构、幼儿园、文物古迹等开展社区教育活动。有关单位开展社区服务，既可以单独经营，也可以与社区组织联营共建。

（二）鼓励和支持各类组织、企业和个人开展社区服务业务

鼓励相关企业通过连锁经营提供购物、餐饮、家政服务、洗衣、维修、再生资源回收、中介等社区服务。利用现代信息技术、物流配送平台帮助社区内中小企业实现服务模式创新，推动社区商业体系建设。鼓励下岗失业人员自办或合伙兴办社区服务组织，或通过小时工、非全日制工和阶段性就业等灵活方式参与社区服务。

（三）加快社区服务社会化步伐

坚持把传统与现代服务方式有机结合起来，继续推行、深化"全方位、多层次"和"一站式""一条龙"等有效的服务方式。引入社会力量推广社区信息化平台建设，整合政务、公共、市场化服务信息，链接服务资源与服务需求，形成相互衔接、优势互补、项目齐全的社区服务网络体系。加快市场化步伐，推动服务主体企业化、内容网络化、定价透明化进程。按照"谁投资、谁管理、谁受益"原则，建立多渠道的社区服务投入机制，鼓励个体、私营、民营企业通过投资入股、合伙经营等形式，开办社区服务项目，促进社区资源最大化整合。

第四节　社区服务规范化建设

社区服务规范化以建设管理有序、服务完善、文明祥和的社会生活共同体为基本目标，以提高社区公共服务水平、满足居民群众公共服务需求为出发点和落脚点，以规范社区服务站"一站式"服务为重点，在健全运行机制、完善服务设施、增强社区意识、深化示范创建等方面积极探索，不断提高社区服务质量和水平，提高居民群众的满意度和幸福感[①]。

一、社区服务站"一站式"服务规范

（一）"一站式"服务的含义

在社区服务站内设立的多功能的服务大厅或服务场所，是社区办理社区公共事务和建设公益事业的载体和平台，具体承办社区居民相关的生活类服务，协助城市基层人民政府或其派出机关为社区居民提供各类公共服务。

（二）服务机构设置

社区服务站设置的"一站式"服务场所统一冠名为"××社区服务站"，并统一使用"中国社区"标识。社区居民委员会负责"一站式"服务工作的日常管理。"一站式"服务人员应在社区党组织、居民委员会统一领导和管理下开展相关服务工作。

（三）服务设施设备

根据服务内容合理设置服务窗口，宜设立"一站式"服务柜台，并配备与服务项目相应的标识牌。具体应配备以下服务设施。

---

① 任晓晖. 社区卫生服务管理［M］. 成都：四川大学出版社，2020.

设置醒目、便于识别的办事引导标识、警示标识及告知性标识等，并采用统一的形象标识；配备能够满足基本工作需要的办公设备；墙上公示栏公布服务内容、办事程序、服务人员的照片和职责等内容；宣传资料架上摆放服务手册、申报所需材料、示范文本等展示材料；设置无障碍通道，配备老花镜、书写设备、饮水机等便民设施；条件较好的社区服务站可根据工作需要配备监控设备、电子屏幕和电子触摸屏等设施；其他相关服务设施。

（四）服务人员

1. 人员配备

工作人员一岗多责，一专多能。可实行 A、B 岗制度，定岗与轮岗相结合，保证窗口岗位工作时间始终有人。服务人员应保持相对稳定，主要工作力量由社区党组织、社区居民委员会成员和社区专职工作者组成。实行社区网格化管理的网格管理员可以作为居民申办服务项目的代理员、代办员。社区专职工作者由基层人民政府或其派出机关公开招聘，统一考试、调配和培训，社区党组织、社区居民委员会负责日常管理和考核工作。

2. 人员素质

爱岗敬业，乐于奉献，一心为民；熟练掌握相关的政策法规和工作标准，具备较高业务技能和服务素质；具备岗位要求的专业知识和教育背景，一岗多能。对于有特殊要求的岗位，应具备相应资质并持证上岗。接待服务对象时应主动、热情、耐心、规范，按规定时限完成服务工作，具有较强的联系、沟通、协调、管理能力[①]。

3. 人员培训

拟订培训计划，对窗口服务人员进行培训，并对培训和考核情况进行记录和建档；服务人员每 2 年至少接受培训 1 次，每次培训不少于 3 天；培训可采用观摩、讲座、实地考察、观看影像资料、专题讨论、角色扮演、示范操作等形式进行[②]。

---

① 黄皓. 社区社会工作管理与服务规范［M］. 成都：西南交通大学出版社，2021.
② 黄皓. 同①.

（五）服务模式

主要包括但不限于以下服务模式。

现场服务：社区服务站现场受理。

网络服务：通过社区网站受理。

电话服务：通过社区公布的电话受理。

预约服务：通过邮件、电话、传真等预约受理。

上门服务：对老、弱、病、残、孕等困难群体实行上门受理。

轮流值班服务：8 小时上班时间之外及节假日轮流值班受理。

全程委托代理服务：对辖区居民需要社区解决和办理的事项而本人行动不便或没有时间的，可就委托事项实行全程代理。

（六）服务内容

1. 民政服务

民政服务主要包括：受理社区社会组织登记备案的初审工作；承接社区志愿者注册登记工作；受理社区低保对象、优抚对象的政策咨询和相关服务；承接社区残疾人、老年人、困难群众等群体的政策咨询、社会救助和相关服务；提供社会保险政策咨询及相关服务；做好社区征兵的登记、转办工作；做好救灾、救济、募捐等公益性活动的受理、登记和管理工作，代收爱心捐助款、物。

2. 劳动保障

劳动保障主要包括：受理失业人员登记和就业服务工作；受理就业困难人员、"零就业家庭"劳动力就业再就业援助的登记服务工作；受理企业离退休人员登记服务工作。

3. 生活服务

生活服务主要包括：提供房屋租赁、水电维修等家政服务的咨询、登记、联系、反馈服务；受理为小区居民提供自行车维修、小家电维修、缝纫修补、疏通管道和卫生保洁等服务的备案。

4. 综合治理

综合治理主要包括：受理社区流动人口和出租房屋的登记、管理工作；做好社区矛盾纠纷的登记工作；接待社区信访，并做好登记、解释和转办工作；做好社区矫正、社区禁毒对象的登记工作。

5. 法治宣传

法治宣传主要包括：为有经济困难、无力支付法律服务费用的居民以及残疾人、老年人等特殊人群联系法律援助；做好维护消费者权益工作的登记、转办、调处工作；受理老年人、妇女、儿童及残疾人等困难群体的法律维权的申诉登记、转办工作。

6. 社区卫生

社区卫生主要包括：登记社区育龄人群情况，做好准生证的登记、转办、发放工作；提供生育咨询服务；做好积极响应三孩政策的家庭各类补助的登记和服务工作；受理居民家庭健康调查档案的登记管理工作，建立健全社区家庭健康档案；受理社区卫生应急事件，并及时转办。

7. 其他

其他方面主要包括：做好党、团组织关系接转及其他事项；做好居民自发组织或社区组织的公益性文化、体育活动的登记、转办工作；做好居民生产、生活、工作需要的其他服务项目。

（七）服务流程及要求

1. 受理

对不属于"一站式"服务范围的事项，应向其提供相应的服务指南。属当场办理的事项应当场办结。申请材料齐全的，服务人员应明示办理时限和相关责任人，并出具收件回执；申请材料不符合要求的，应一次性告知申请人所需材料，请其补齐后受理。服务窗口应建立专门的受理台账。

2. 报送

对社区没有权限办理的事项应及时转报上级政府或有关部门。自然灾害、卫生紧急事件等应在规定时限内及时上报。

3. 协办

对转报上级政府或有关部门办理的事项，需社区协办的，社区应在限期内完成协办工作；需要动员社区居民群众共同参与办理的事项，应积极动员居民群众参与；需要驻社区单位协办的事项，应通过共驻共建理事会、社区党建联席会等形式，动员驻社区单位共同办理。

4. 回复

事项办结后，社区服务站可以书面、面谈、电话、邮件等方式及时回复办理结果。对于超时办结及不能予以办理的事项，应说明原因，并做好解释工作。涉及全体居民公共利益的事项，应通过居务公开栏、社区网站等渠道进行公开回复。若对回复事项有异议或建议、意见的，服务人员应在一个工作日内对该事项进行重新受理或者调整解释。

5. 建档

涉及服务事项的原始资料、办理情况、居民反馈等内容均应归档管理，档案资料齐全、整理有序。

（八）制度建设、记录和档案

1. 制度建设

应建立和完善以下工作制度：目标管理制度、联系群众制度、民主评议、民主监督制度、工作例会制度、接待和访问居民制度、学习制度、其他需要建立和完善的制度。建立健全以下便民服务制度：首问责任制度、一次性告知制度、限时办结制度、预约服务制度、上门服务制度、咨询服务制度、错时上下班和周末、节假日服务制度、其他服务制度。

2. 记录和档案

应建立以下记录：各种会议记录、受理居民办理事项记录、民主评议记录、居民和驻社区单位建议、投诉及办理情况记录、其他需要记录的事项。建立记录档案的收集、保管、保密、借阅、鉴定、销毁等各项规章制度。应建立以下档案："一站式"服务大厅服务人员及职责档案、居民诉求办理情况档案、社区服务各项工作情况档案、社区活动各项纸质、音频、视频资料档案、社区各类服务机构、协会及企事业单位信息档案、其他需要建立的档案。

各项档案应在次年 6 月底前整理、归档完毕。

二、"中国社区"标识

"中国社区"标识是城乡社区的共同象征，展现了城乡社区建设蓬勃发展、城乡社区居民团结向上的良好风貌，已在国家知识产权局进行官方标识备案。推广使用统一标识，着力打造乡社区一体化发展新形象，是统筹推进城乡社区建设的重要举措，有助于夯实城乡社区在创新社会治理中的基础性地位，争取各级党委政府重视支持；有助于加快城乡社区服务规范化进程，提高服务水平和服务质量；有助于增强城乡居民社区认同感、归属感，调动社会各界共同建设社区美好家园的积极性。

（一）标识样式（缩略如图 6-1 所示）

图 6-1 标识样式

（二）标识含义

"中国社区"标识由图案与文字组合而成，整体以中国红为主色调，体现了鲜明的中国特色，寓意吉祥。图案整体呈开放的菱形，内部包含中国结图案，菱形与中国结象征汉字"区"，标示出社区对特定地域的依赖关系。"区"字内部图案为三个手臂相挽的人，寓意"三人成众"，即社区居民的团结协作；同时也可理解为三颗彼此联结的心，寓意社区居民的交流融通。图案向下部分是篆体的"中"字，富有动感，体现了城乡社区建设蓬勃发展的生机活力。"中"字右侧为标识的文字部分，手写体的"国社区"与左侧的"中"字组成整个名称。右下方红色狭长区域书写英文名称，也可针对少数民族或其他语言环境，选用相应的语言进行书写。区域左侧与"中"字下方形成互补关系，形如彩云飘出。

（三）标识使用

社区不能单独使用"中国社区"标识中的一部分。标识本身形态不能被修改、扭曲，或再创造。标识使用红色作为主形象色，给社区居民以喜庆祥和的心理感受，传达中国式的稳重大方的气质与互相关爱的社区文化氛围，使用时应保持原有色彩。社区办公用房、社区综合服务设施主体建筑物的显著位置应安装永久性标识。居务公开栏、社区宣传栏、引导牌和社区工作者胸牌、桌牌等识别标识中应加入"中国社区"标识元素。与社区建设相关的书刊资料、会议活动可使用"中国社区"标识衍生品。

三、示范创建

示范创建活动是全面提升服务水平的一项重要措施，目的是总结经验、研究问题、树立榜样、推进工作。

（一）总结经验

社区服务水平的提升需要成功经验引导，经验从哪里来，它不是人们头脑中固有的，而是在实践中创造出来的。经验的创造者是基层的干部和群众。要重视来自基层的创造和群众的首创精神，经过实践—认识—再实践—再认识过程，及时总结推广，充分发挥示范单位的引路、带头、辐射作用，让更多社区成为示范。

（二）注重实效

示范创建活动是一种推进工作的形式，但不能搞成形式主义，不能图表面轰轰烈烈，要讲工作实实在在。要根据每个社区特点、每个社区服务项目要素、每个地方的经济水平和工作基础，因地制宜确定社区服务的重点，标准可高可低，项目可多可少，切勿"一刀切"、一哄而起，或为虚名而超越自身条件，引起群众的不满和反感。

（三）加强调研

在培养和推广典型实践过程中，要加强解剖和分析，及时研究新情况、总结新经验，发现和掌握社区服务规律，获得指导工作的主动权。必须不断解放思想、转变观念，增强改革意识、创造意识和前瞻意识，大胆改革，开拓进取，推动社区服务深入开展。

第五节　社区卫生服务

一、社区卫生服务概述

（一）社区卫生服务的含义

社区卫生服务是社区服务中最基本的、最普遍的服务，是以全科医生为主要卫生人力的卫生组织或机构所提供的一种社区定向的卫生服务。这与医院定向的专科服务有所不同，它是社区（发展）建设的重要组成部分，是在政府领导、社会参与、上级卫生机构指导下，以基层卫生机构为主体、全科医师为骨干，合理使用卫生资源和适宜技术，以人的健康为中心，以家庭为单位、社区为范围、需求为导向，以妇女、儿童、老年人、慢性病患者、残疾人、低收入居民为重点，以解决社区主要卫生问题、满足基本医疗卫生服务需求为目的，融预防、医疗、保健、康复、健康教育和优生优育、积极生育等为一体的，有效的、经济的、方便的、综合的、连续的基层卫生服务[1]。

---

[1]　秦英．社会工作实务［M］．北京：中国人民公安大学出版社，2016.

（二）社区卫生服务的对象、任务和功能

1. 对象

（1）健康人群。世界卫生组织指出："健康不仅是没有疾病和虚弱现象，而且是一种躯体上、心理上和社会适应方面的完好状态。"因此，健康人群应该是躯体健康——躯体的结构完好和功能正常；心理健康又称精神健康——正确认识自我，正确认识环境，及时适应环境；具有良好的社会适应能力——其能力能在社会系统内得到充分发挥，有效地扮演与其身份相适应的角色，其行为与社会规范相一致。

（2）亚健康人群。在生理、心理、社会三维健康和有明显疾病两类人群之间还存在一种人群，虽然他们没有明显的疾病，但呈现体力降低、反应能力减退、适应能力下降等特点，这类人群被称为亚健康人群。

（3）高危人群。高危人群是存在明显的对健康有害因素的人群，其发生疾病的概率明显高于其他人群。包括：高危家庭的成员。凡是具有以下任何一个或更多标志的家庭即为高危家庭：单亲家庭；吸毒、酗酒者的家庭；精神病患者、残疾者、长期重病者家庭；功能失调濒临崩溃的家庭；受社会歧视的家庭。具有明显危险因素的人群。危险因素是指在机体内外环境中存在的与疾病发生、发展及死亡有关的诱发因素（不良的生活方式、职业危险因素、社会和家庭危险因素）。

（4）重点保健人群。重点保健人群是指由于各种原因需要在社区得到系统保健的人群，如儿童、妇女、老年人、疾病康复期人群、残疾人等需要特殊保健的人群。

（5）患者。主要包括常见病患者、慢性病患者、需院前急救的患者等。

2. 任务

一是提高人群健康水平，延长其寿命，提升其生活品质。社区卫生服务机构通过对不同的服务人群采取促进健康，预防疾病，各类人群的系统保健和健康管理，疾病的早期发现、诊断、治疗和康复，优生优育等措施提高人口素质和人群健康水平，延长其健康寿命，提升其生活品质。

二是创建健康社区。社区卫生服务机构通过健康促进，使个人、家庭具备良好的生活方式和生活行为，在社区创建良好的自然环境、社会心理环境和促进精神文明建设，紧密结合社区服务和社区建设，打造具有健康人群、健康环境的健康社区。

三是保证区域卫生规划的实施，以及医疗卫生体制改革和城镇职工基本医疗保险制度改革的实施。

3. 基本功能

社区卫生服务机构提供基本公共卫生和基本医疗服务，具有公益性，不以营利为目的。社区卫生服务机构要以妇女、儿童、老年人、慢性病患者、残疾人、贫困居民为服务重点，以主动服务、上门服务为主，开展健康教育、预防、保健、康复和一般常见病、多发病的诊疗服务。社区卫生服务机构要做到三点：一要以维护群众健康为中心，坚持预防为主，提供从生命孕育到出生成长直至终老的连续性健康服务；二要使居民不出社区就可以解决小病，并对大病能够及时转诊；三要采取适宜技术和药物，既保证疗效，又做到费用比较低廉，低收入者也能承担得起。

（三）发展社区卫生服务的指导思想、基本原则

1. 发展社区卫生服务的指导思想

以邓小平理论和"三个代表"重要思想为指导，全面落实科学发展观，深入贯彻习近平总书记重要讲话精神和治国理政新理念新思想新战略，坚持为人民健康服务的方向，将发展社区卫生服务作为深化城市医疗卫生体制改革，有效解决城市居民看病难、看病贵问题的重要举措，作为构建新型城市卫生服务体系的基础，着力推进体制、机制创新，为居民提供安全、有效、便捷、经济的公共卫生服务和基本医疗服务。

2. 发展社区卫生服务的基本原则

（1）坚持社区卫生服务的公益性质，注重卫生服务的公平、效率和可及性。

（2）坚持政府主导，鼓励社会参与，多渠道发展社区卫生服务。

（3）坚持实行区域卫生规划，立足调整现有卫生资源、辅以改扩建和新建，健全社区卫生服务网络。

（4）坚持公共卫生和基本医疗并重，中西医并重，防治结合。

（5）坚持以地方为主，因地制宜，探索创新，积极推进。

二、社区卫生服务基本内容及方法、技术

（一）社区卫生服务基本内容

社区卫生服务的基本内容主要包括基本公共卫生服务和基本医疗服务两大部分。

1. 基本公共卫生服务

基本公共卫生服务是在我国公共卫生体系中，以健康促进、疾病预防和健康保护为主要目标，由公共财政支持，各级公共卫生专业机构履行的公共卫生管理职责和社区卫生中心提供的基本公共卫生服务。

2. 基本医疗服务

基本医疗服务是指居民患病时，国家基本卫生保健制度所能提供的疾病临床诊断和治疗服务，基本医疗服务的核心内涵是适宜人才、适宜技术和基本药物。

基本医疗是采用基本的医疗手段、基本的医疗设施、基本的医疗药品所进行的价格相对低廉、疗效相对较好的除公共卫生以及非基本医疗之外的医疗服务。基本医疗的承担机构主要是社区卫生服务机构，而不是大医院[①]。虽然大医院也可以提供基本医疗服务，但是大医院还存在很多非基本医疗部门，而非基本医疗项目是不准进入社区的。所以，大部分基本医疗服务应该由社区卫生服务机构提供。社区卫生服务机构提供以下基本医疗服务：①一般常见病、多发病诊疗、护理和诊断明确的慢性病治疗；②社区现场应急救护；③家庭出诊、家庭护理、家庭病床等家庭医疗服务；④转诊服务；⑤康复医疗服务；⑥政府卫生行政部门批准的其他适宜医疗服务；⑦社区卫生服务机构应根据中医药的特色和优势，提供与上述公共卫生和基本医疗服务内容相

---

① 闫西安. 社区社会工作 [M]. 长春：吉林人民出版社，2020.

关的中医药服务。

（二）社区卫生服务方法与技术

社区卫生服务使用的技术核心是全科医学的理论与实践。全科医学的实践活动是全科医疗。它是一种以门诊为主体的第一线医疗照顾，能够以相对简便、低廉而有效的手段解决社区居民 70% ~ 80% 的健康问题，并根据需要安排患者及时接受其他级别或类别的医疗保健服务，它在追求改善全民健康状况的同时，能够提高医疗保健资源利用的成本效益。它强调持续性、综合性、个体化的照顾；强调早期发现并处理疾患；强调预防疾病和维持健康；强调在社区场所对患者进行不间断的管理和服务，并在必要时协调利用社区内外的其他资源。

全科医学的知识体系和全科医疗的特点特征，适应了社区卫生服务工作内容对所使用技术的要求，为社区卫生服务的开展提供了强有力的技术支持。因此，社区卫生服务既有别于综合性医院、专科医院提供的服务，也有别于专业预防保健机构提供的服务。

1. 全科医疗的服务内容与方式

全科医疗处于卫生服务体系金字塔的底层，处理的多为常见健康问题，其利用最多的是社区和家庭的卫生资源，以低廉的成本维护大多数民众的健康，并干预各种无法被专科医疗治愈的慢性疾患及其导致的功能性问题。由于这些问题往往涉及服务对象的生活方式、社会角色和健康信念，全科医生的服务方式是通过团队合作进行综合性的全方位管理。全科医疗服务团队始终把患者（个体或群体）看作医护人员得力的合作伙伴，看作社区、家庭和个体健康管理目标制定与实施的主体之一。

全科医疗负责个体和人群的健康时期、疾病早期乃至经专科诊疗后无法治愈的各种病患的长期照顾，其关注的中心是人而不是病，无论服务对象有无疾病（生物医学上定位的病种）或病患（有症状或不适），全科医疗都要为其提供令其满意的照顾，并具有不可推卸的责任。因此，全科医师类似于"医学服务者"与"管理者"，其工作遵循"照顾"的模式，其责任既涉及医学科学，又延及与这种服务相关的各个专业领域（包括医学以外的行为科学、社会学、人类学、伦理学、文学、艺术学等)①。

全科医学这种既考虑医学的公益性，又照顾服务对象满意度的学术思想，强有力地符合和促进社区卫生服务的发展。

2. 社区卫生服务应用全科医疗技术的特点体现

(1) 以生物—心理—社会医学模式为指导，提供综合性服务。社区卫生服务是落实医学模式转变对卫生服务提出的向 4 个方面扩大：①从院内服务扩大到院外服务；②从生理服务扩大到心理服务；③从技术服务扩大到社会服务；④从治疗服务扩大到预防服务的基础。全科医学所特有的整体论、系统论思维强调把患者看作社会与自然系统中的一部分，从生理、心理、社会和文化等因素来观察、认识和处理健康问题。全面了解其家庭和社会方面可能的支持力量，从整体上给予协调照顾。因此，生物—心理—社会医学模式已经成为全科医生诊治患者的一套必需的、自然的程序。

全科医疗的服务对象不分年龄、性别和疾患类型；服务内容包括医疗、预防、康复和健康促进；服务层面涉及生理、心理和社会文化各个方面；服务范围涵盖个人、家庭与社区，要照顾社区中所有单位、家庭与个人，无论其在种族、社会文化背景、经济情况和居住环境等方面有何不同；服务手段强调利用一切对服务对象有利的方式与工具，包括现代医学、传统医学或替代医学。这种综合性的服务是全科医疗区别于专科医疗的显著特点，从而将医院服务与社区卫生服务严格区别开来。

(2) 基层医疗、预防、保健服务。全科医疗是一种适用于基层的服务，它根据需要安排患者（包括部分健康人群）及时进入其他级别或类别的医疗、预防、保健服务机构。它符合社区卫生服务特点，是一种以社区卫生服务机构为主体的基层医疗、预防、保健服务，是社区人群寻求卫生服务时最先接触、最经常利用的医疗、预防、保健服务，强调使用适宜技术。

(3) 连续性服务。连续性服务是全科医疗的重要特征，它强调医患关系的固定性和持久性、亲密性，为社区居民提供全过程和全方位服务。

---

① 潘应春. 社区安全与社区管理 [M]. 天津：天津科学技术出版社，2016.

①全过程的服务。第一，沿着生命周期提供的从生前到死后的全过程服务，即从婚前咨询开始，经过孕期、产期、新生儿期、婴幼儿期、少儿期、青春期、中年期、老年期直至濒死期；第二，沿着健康—疾病—康复的各个阶段，对其服务对象担负一、二、三级预防的不间断责任，从健康促进、危险因素的监控，到疾病各期的长期管理。

②全方位的服务。在生物、心理、社会三个维度上提供服务。

在以上全过程和全方位服务中，无论何时何地，即无论患者是在社区卫生服务机构、家里还是住院或会诊期间，全科医生对其都负有照顾的责任。这种持续性责任将社区卫生服务与医院服务明显区别开来。

（4）协调性服务。社区卫生服务不是单纯的技术服务，也不是独立作战的机构，在必要时需要利用社区内外的其他资源，包括来自政府部门的政策支持、来自社会的各种支持和来自上级医疗机构的技术支持，全科医学的知识体系要求全科医生是社区内外、各个部门、专科医疗和全科医疗的协调人。

（5）可及性服务。全科医疗是可及的、方便的基层医疗照顾，它满足了社区卫生服务的可及性需要，拥有如技术适宜、地理接近、服务方便、关系亲密、结果有效、价格低廉（合理）等一系列使人易于利用的特点。

（6）以家庭为单位的服务。家庭是全科医生的服务对象，又是其诊疗工作的重要场所和可利用的有效资源。以家庭为单位的服务需要了解两方面内容：第一，需要了解家庭成员健康状况及影响因素，家庭的生活方式；第二，需要了解并评价家庭结构、功能和周期，发现其中可能存在的对家庭成员健康的潜在威胁，并通过适当的咨询干预使之及时化解，改善其家庭功能。这种服务为社区卫生服务中的慢性病管理奠定了坚实的基础，提供了可利用的资源。

（7）以社区为基础的服务。首先，全科医疗立足社区、以社区为基础的概念主要体现在以一定的地域为基础，以该人群的卫生需求为导向，即全科医疗服务的内容与形式都应适合当地人群的需求，并充分利用社区资源，为社区居民提供服务；其次，以社区为导向的基层医疗将全科医疗中个体和群体健康照顾紧密结合、互相促进。全科医生在诊疗服务中，既要利用其对社区背景的熟悉去把握个别患者的相关问题，又要对从个体患者身上反映出来的群体问题有足够的敏感性；这样既可以提高基层医疗的实力与针对性，又能够强化流行病学在全科医疗科研中的作用，从而提升全科医生的素质和全科医疗的整体水平。

（8）团队合作的工作方式。全科医疗以全科医生为核心，它与其他各类社区卫生服务人员如社区护士、公卫医师、康复医师、营养医师、口腔医师、中医师、理疗师、接诊员等一起，以团队形式为服务对象提供健康照顾。在基层医疗与各级各类医疗保健机构之间，存在双向转诊和继续医学教育的合作关系；在基层医疗本身，则存在门诊团队、社区医疗团队、社会医疗团队及康复团队等。以实现社区卫生服务的预防、医疗、保健、康复、健康教育和健康促进、生育指导服务"六位一体"功能，改善个体与群体健康状况，提高生命质量。

（9）与大医院各司其职。全科医疗使基层机构全力投入社区人群的基本医疗保健服务，使患者合理分流，减轻大医院的负担，使大医院无须处理一般常见病，可将精力集中于疑难问题诊治和高科技研究。

（10）与大医院互补互利。全科医疗和专科医疗间建立双向转诊以及信息共享关系与相应的网络，这些关系及其网络可保证服务对象获得最有效、方便、及时与适当的服务；同时可以加强全科医师和专科医师在信息收集、病情监测、疾病系统管理和行为指导、新技术适宜利用、医学研究开展等各方面的积极合作，从而全面提高医疗服务质量和医疗服务效率。

3. 社区卫生服务方式

（1）在社区卫生服务中心和社区卫生服务站开展各项工作。

（2）以慢性病管理为重点提供主动性服务。组建社区卫生服务团队对慢性病的病例和人群进行规范管理。将病例管理纳入基本医疗服务，人群管理主要以健康管理为手段，可视作公共卫生范畴。

（3）利用各种途径和方式，辖区居民可以充分了解社区卫生服务。这一过程是通过其对机构和人员的了解来完成的。只有双方充分了解和信任，社区卫生服务的各项工作才能得到更好的落实。

①通过责任医生联系卡、医生手机短信、24 小时值班电话预约等方式，

为有需求和需要跟踪随访的居民提供服务，包括送医送药入户和患者教育、健康咨询等。

②居民选择医生签订《社区卫生服务协议书》，医生根据协议内容提供定期或不定期医疗卫生服务。

③社区医生责任制。一名医生负责一定数量居民的公共卫生、预防保健、健康教育和医疗等全面服务。

④医疗咨询热线服务。开通热线值班电话，提供各类服务，包括就医指南、健康心理和医疗咨询、联系住院、出诊、会诊和建立家庭病床等服务。

(4) 双向转诊服务。社区卫生服务不是孤立作战，而是有一个完整的社会支持网络，其重要内容之一是社区卫生服务中心和服务站与大型综合医院、专科医院建立双向转诊服务机制。该机制包括两方面内容：一是转诊机构之间人员的双向流动，即转诊机构中的上级医疗机构可以派人到社区卫生服务机构指导、会诊、出诊；也可以置换社区卫生服务机构的全科医生到上级医疗机构进修、学习。这样既可以提高全科医生的服务水平，也有利于各级医疗机构之间的资源共享和信息沟通。二是保证患者在需要转诊时能得到连续的医疗服务。

三、社区基本公共卫生服务项目实施

按照国家有关部署，自 2009 年起，在城乡基层医疗卫生机构全面实施基本公共卫生服务项目。基本公共卫生服务项目包括 12 项内容，即城乡居民健康档案管理、健康教育、预防接种、0 ~ 6 岁儿童健康管理、孕产妇健康管理、老年人健康管理、高血压患者健康管理、2 型糖尿病患者健康管理、重性精神疾病患者管理、传染病及突发公共卫生事件报告和处理、卫生监督协管以及中医药健康管理服务。

(一) 城乡居民健康档案管理服务

1. 服务对象

辖区内常住居民，包括居住半年以上的户籍及非户籍居民。以 0 ~ 6 岁儿童、孕产妇、老年人、慢性病患者和重性精神疾病患者等人群为重点。

2. 服务内容

（1）居民健康档案内容。居民健康档案内容包括个人基本信息、健康体检、重点人群健康管理记录和其他医疗卫生服务记录。

（2）居民健康档案的建立。①辖区居民到乡镇卫生院、村卫生室、社区卫生服务中心（站）接受服务时，由医务人员负责为其建立居民健康档案，并根据其主要健康问题和服务提供情况填写相应记录。同时为服务对象填写并发放居民健康档案信息卡。②通过入户服务（调查）、疾病筛查、健康体检等多种方式，由乡镇卫生院、村卫生室、社区卫生服务中心（站）组织医务人员为居民建立健康档案，并根据其主要健康问题和服务提供情况填写相应记录。③已建立居民电子健康档案信息系统的地区应由乡镇卫生院、村卫生室、社区卫生服务中心（站）通过上述方式为个人建立居民电子健康档案，并发放国家统一标准的医疗保健卡。④将医疗卫生服务过程中填写的健康档案相关记录表单，装入居民健康档案袋统一存放。农村地区可以以家庭为单位集中存放保管。居民电子健康档案的数据存放在电子健康档案数据中心。

（3）居民健康档案的使用。①已建档居民到乡镇卫生院、村卫生室、社区卫生服务中心（站）复诊时，应持居民健康档案信息卡（医疗保健卡），在调取其健康档案后，由接诊医生根据复诊情况，及时更新、补充相应记录内容。②入户开展医疗卫生服务时，应事先查阅服务对象的健康档案并携带相应表单，在服务过程中记录、补充相应内容。已建立电子健康档案信息系统的机构应同时更新电子健康档案。③对于需要转诊、会诊的服务对象，由接诊医生填写转诊、会诊记录。④所有的服务记录由责任医务人员或档案管理人员统一汇总、及时归档。

（二）健康教育服务

1. 服务对象

辖区内居民。

2. 服务内容

（1）健康教育内容。①宣传普及《中国公民健康素养——基本知识与技能（2024年版）》。配合有关部门开展公民健康素养促进行动。②对青少年、妇女、老年人、残疾人、0~6岁儿童家长、农民工等人群进行健康教育。③开展合理膳食、控制体重、适当运动、心理平衡、改善睡眠、限盐、控烟、限酒、控制药物依赖、戒毒等健康生活方式和可干预危险因素的健康教育。④开展高血压、糖尿病、冠心病、哮喘、乳腺癌和宫颈癌、结核病、肝炎、艾滋病、流感、手足口病和狂犬病、布鲁氏菌病等重点疾病健康教育。⑤开展食品安全、职业卫生、放射卫生、环境卫生、饮水卫生、学校卫生等公共卫生问题健康教育。⑥开展应对突发公共卫生事件应急处置、防灾减灾、家庭急救等健康教育。⑦宣传普及医疗卫生法律、法规及相关政策。

（2）服务形式及要求。①发放印刷资料。印刷资料包括健康教育折页、健康教育处方和健康手册等。放置在乡镇卫生院、村卫生室、社区卫生服务中心（站）的候诊区、诊室、咨询台等处。每个机构每年提供不少于12种内容的印刷资料，并及时更新补充，保障使用。②播放音像资料。音像资料包括各类视听传播资料，机构正常应诊的时间内，在乡镇卫生院、社区卫生服务中心（站）的候诊区、观察室、健教室等场所或宣传活动现场播放。每个机构每年播放音像资料不少于6种。③设置健康教育宣传栏。乡镇卫生院和社区卫生服务中心宣传栏不少于2个，村卫生室和社区卫生服务站宣传栏不少于1个，每个宣传栏的面积不小于2平方米。宣传栏一般设置在机构的户外、健康教育室、候诊室、输液室或收费大厅的明显位置，宣传栏中心位置距地面1.5~1.6米高。每个机构每2个月至少更换1次健康教育宣传栏内容。④开展公众健康咨询活动。利用各种健康主题日或针对辖区重点健康问题，开展健康咨询活动并发放宣传资料。每个乡镇卫生院、社区卫生服务中心每年至少开展9次公众健康咨询活动。⑤举办健康知识讲座。定期举办健康知识讲座，引导居民学习、掌握健康知识及必要的健康技能，促进辖区内居民的身心健康。每个乡镇卫生院和社区卫生服务中心每月至少举办1次健康知识讲座，村卫生室和社区卫生服务站每2个月至少举办1次健康知识讲座。⑥开展个体化健康教育。乡镇卫生院、村卫生室和社区卫生服务中心（站）的医务人员在提供门诊医疗、上门访视等医疗卫生服务时，要有针对性地开展个体化健康知识和健康技能相关的教育。

（三）预防接种服务

1. 服务对象

辖区内 0~6 岁儿童和其他重点人群。

2. 服务内容

（1）预防接种管理。①及时为辖区内所有居住满 3 个月的 0~6 岁儿童建立预防接种证和预防接种卡等儿童预防接种档案。②采取预约、通知单、电话、手机短信、网络、广播通知等适宜方式，通知儿童监护人，告知接种疫苗的种类、时间、地点和相关要求。在边远山区、海岛、牧区等交通不便的地区，可采取入户巡回的方式进行预防接种。③每半年对责任区内儿童的预防接种卡进行 1 次核查和整理。

（2）预防接种。根据国家免疫规划疫苗免疫程序，对适龄儿童进行常规接种。在部分省份对重点人群接种出血热疫苗。在重点地区对高危人群实施炭疽疫苗、钩体疫苗应急接种。根据传染病控制需要，开展乙肝、麻疹、脊灰等疫苗强化免疫、群体性接种工作和应急接种工作。①接种前的工作。接种工作人员在对儿童接种前应查验儿童预防接种证（卡、簿）或电子档案，核对受种者姓名、性别、出生日期及接种记录，确定本次受种者、接种疫苗的品种。询问受种者的健康状况以及是否有接种禁忌等，告知受种者或者其监护人所接种疫苗的品种、作用、禁忌、不良反应以及注意事项，可采用书面或（和）口头告知的形式，如实记录告知和询问的情况。②接种时的工作。接种工作人员在接种操作时再次查验核对受种者姓名、预防接种证、接种凭证和本次接种的疫苗品种，核对无误后严格按照《预防接种工作规范》规定的接种月（年）龄、接种部位、接种途径、安全注射等要求予以接种。③接种后的工作。接种工作人员告知儿童监护人，受种者在接种后应于留观室观察 30 分钟。接种后及时在预防接种证（卡、簿）上记录，与儿童监护人预约下次接种疫苗的种类、时间和地点。有条件的地区将其录入计算机并进行网络报告。

（3）疑似预防接种异常反应处理。如发现疑似预防接种异常反应，接种工作人员应按照《全国疑似预防接种异常反应监测方案》的要求进行处理和报告。

（四）0～6 岁儿童健康管理服务

1. 服务对象

辖区内居住的 0～6 岁儿童。

2. 服务内容

（1）新生儿家庭访视。新生儿出院后 1 周内，医务人员到新生儿家中进行随访，同时予以产后访视。了解其出生时情况、预防接种情况，在开展新生儿疾病筛查的地区了解新生儿疾病筛查情况等。观察家居环境，重点询问和观察喂养、睡眠、大小便、黄疸、脐部、口腔发育等情况。为新生儿测量体温，记录出生时体重、身长，进行体格检查，同时建立《0～6 岁儿童保健手册》。根据新生儿的具体情况，有针对性地对家长进行母乳喂养、护理和常见疾病预防指导。如果发现新生儿未接种卡介苗和第一剂乙肝疫苗，应提醒家长尽快补种；如果发现新生儿未接受新生儿疾病筛查，应告知家长到具备筛查条件的医疗保健机构补筛。对于低出生体重、早产、双多胎或有出生缺陷的新生儿根据实际情况增加访视次数。

（2）新生儿满月健康管理。新生儿满 28 天后，结合接种乙肝疫苗第二针，在乡镇卫生院、社区卫生服务中心进行随访。重点询问和观察新生儿的喂养、睡眠、大小便、黄疸等情况，对其进行体重、身长测量，体格检查和发育评估。

（3）婴幼儿健康管理。满月后的随访服务均应在乡镇卫生院、社区卫生服务中心进行，偏远地区可在村卫生室、社区卫生服务站进行，时间分别在婴幼儿 3、6、8、12、18、24、30、36 月龄时，共 8 次。有条件的地区，可以结合儿童预防接种时间增加随访次数。服务内容包括询问上次随访到本次随访期间的婴幼儿喂养、患病等情况，进行体格检查，作生长发育和心理行为发育评估，对母乳喂养、辅食添加、心理行为发育、意外伤害预防、口腔保健、中医保健、常见疾病防治等予以健康指导。在婴幼儿 6～8、18、30 月龄时分别进行 1 次血常规检测；在 6、12、24、36 月龄时使用听性行为观察法分别进行 1 次听力筛查。在每次预防接种前均要检查有无禁忌证；若无，体检结束后进行疫苗接种。

（4）学龄前儿童健康管理。为 4～6 岁儿童每年提供一次健康管理服务。散居儿童的健康管理服务应在乡镇卫生院、社区卫生服务中心进行，集体儿童可在托幼机构进行。服务内容包括询问上次随访到本次随访期间的膳食、患病等情况，进行体格检查、生长发育和心理行为发育评估，血常规检测和视力筛查，对合理膳食、心理行为发育、意外伤害预防、口腔保健、中医保健、常见疾病防治等予以健康指导。在每次预防接种前均要检查有无禁忌证；若无，体检结束后进行疫苗接种。

（5）健康问题处理。医务人员对健康管理中发现的有营养不良、贫血、单纯性肥胖等情况的儿童应当分析其原因，给出指导或转诊建议。对口腔发育异常（唇腭裂、高腭弓、诞生牙）、龋齿、视力低常或听力异常儿童应及时转诊。

（五）孕产妇健康管理服务

1. 服务对象

辖区内居住的孕产妇。

2. 服务内容

（1）孕早期健康管理。孕 12 周前为孕妇建立《孕产妇保健手册》，并进行第 1 次产前随访。①孕 12 周前由孕妇居住地的乡镇卫生院、社区卫生服务中心建立《孕产妇保健手册》。②孕妇健康状况评估：询问既往史、家族史、个人史等，观察体态、精神等，并进行一般体检、妇科检查和血常规、尿常规、血型、肝功能、肾功能、乙型肝炎检查，有条件的地区可以进行血糖、阴道分泌物、梅毒血清学试验、HIV 抗体检测等实验室检查。③开展孕早期个人卫生、心理和营养保健指导，特别要强调避免致畸因素和疾病对胚胎的不良影响，同时进行产前筛查和产前诊断的宣传告知。④根据检查结果填写第 1 次产前随访服务记录表，医务人员对具有妊娠危险因素和可能有妊娠禁忌证或严重并发症的孕妇，及时转诊到上级医疗卫生机构，并在 2 周内随访转诊结果。

（2）孕中期健康管理。孕 16～20 周、21～24 周各进行 1 次随访，对孕妇的健康状况和胎儿的生长发育情况进行评估和指导。①孕妇健康状况评估：

通过询问、观察、一般体格检查、产科检查、实验室检查对孕妇健康和胎儿的生长发育状况进行评估，识别需要做产前诊断和转诊的高危重点孕妇。②对未发现异常的孕妇，除进行孕期的个人卫生、心理、运动和营养指导外，还应对预防出生缺陷的产前筛查和产前诊断进行宣传告知。③对发现有异常的孕妇，要及时转至上级医疗卫生机构。对出现危急征象的孕妇，要立即转上级医疗卫生机构。

（3）孕晚期健康管理。①督促孕产妇在孕 28～36 周、37～40 周去有助产资质的医疗卫生机构各进行 1 次随访。②开展孕产妇自我监护方法、促进自然分娩、母乳喂养以及孕期并发症防治指导。③医务人员对随访中发现的高危孕妇应根据就诊医疗卫生机构的建议督促其酌情增加随访次数，随访中若发现有意外情况，建议其及时转诊。

（4）产后访视。乡镇卫生院、村卫生室和社区卫生服务中心（站）在收到分娩医院转来的产妇分娩信息后，应于 3～7 天内到产妇家中进行产后访视，开展产褥期健康管理，加强母乳喂养和新生儿护理指导，同时进行新生儿访视。①通过观察、询问和检查，了解产妇一般情况以及乳房、子宫、恶露、会阴或腹部伤口恢复等情况。②对产妇进行产褥期保健指导，对母乳喂养困难、产后便秘、痔疮、会阴或腹部伤口等问题予以处理。③发现有产褥感染、产后出血、子宫复旧不佳、妊娠并发症未恢复者以及产后抑郁等问题的产妇，医务人员应及时将其转至上级医疗卫生机构进一步检查、诊断和治疗。④通过观察、询问和检查，了解新生儿的基本情况。

（5）产后 42 天健康检查。①乡镇卫生院、社区卫生服务中心为正常产妇做产后健康检查，异常产妇到原分娩医疗卫生机构检查。②通过询问、观察、一般体检和妇科检查（必要时进行辅助检查）对产妇恢复情况进行评估。③对产妇应进行性保健、避孕、预防生殖道感染、纯母乳喂养 6 个月、婴幼儿营养等方面的指导。

（六）老年人健康管理服务

1. 服务对象

辖区内 65 岁及以上常住居民。

2. 服务内容

每年为老年人提供 1 次健康管理服务，包括生活方式和健康状况评估、体格检查、辅助检查和健康指导。

（1）生活方式和健康状况评估。医务人员通过问诊及老年人健康状态自评了解其基本健康状况、体育锻炼、饮食、吸烟、饮酒、慢性疾病常见症状、既往所患疾病、治疗及目前用药和生活自理能力等情况。

（2）体格检查。包括体温、脉搏、呼吸、血压、身高、体重、腰围、皮肤、浅表淋巴结、心脏、肺部、腹部等常规体格检查，并对口腔、视力、听力和运动功能等进行粗测判断。

（3）辅助检查。包括血常规、尿常规、肝功能（血清谷草转氨酶、血清谷丙转氨酶和总胆红素）、肾功能（血清肌酐和血尿素氮）、空腹血糖、血脂和心电图检测。

（4）健康指导。医务人员告知健康体检结果并进行相应健康指导。①对发现已确诊的原发性高血压和 2 型糖尿病等患者纳入相应的慢性病患者健康管理。②对体检中发现有异常的老年人建议定期复查。③进行健康生活方式以及疫苗接种、骨质疏松预防、防跌倒措施、意外伤害预防和自救等健康指导。④告知或预约下一次健康管理服务的时间。

（七）高血压患者健康管理服务

1. 服务对象

辖区内 35 岁及以上原发性高血压患者。

2. 服务内容

（1）筛查。①对辖区内 35 岁及以上常住居民，每年在其第一次到乡镇卫生院、村卫生室、社区卫生服务中心（站）就诊时为其测量血压。②医务人员对第一次发现收缩压 ≥140mmHg 和（或）舒张压 ≥90mmHg 的居民在去除可能引起血压升高的因素后为其预约复查，非同日 3 次血压高于正常，可初步诊断为高血压。如有必要，医务人员建议转诊到上级医院确诊，2 周内随访转诊结果，将已确诊的原发性高血压患者纳入高血压患者健康管理。对可疑继发性高血压患者，及时转诊。③医务人员建议高危人群每半年至少测量 1

次血压，并接受医务人员的生活方式指导。

（2）随访评估。对原发性高血压患者，每年要提供至少 4 次面对面的随访。①测量血压并评估是否存在危急情况，如出现收缩压 ≥180mmHg 和（或）舒张压≥110mmHg，意识改变、剧烈头痛或头晕、恶心呕吐、视力模糊、眼痛、心悸、胸闷、喘憋、不能平卧及处于妊娠期或哺乳期同时血压高于正常等危急情况之一，或存在不能处理的其他疾病时，须在处理后紧急转诊。对于紧急转诊者，乡镇卫生院、村卫生室、社区卫生服务中心（站）应在 2 周内主动随访转诊情况。②若无须紧急转诊，询问上次随访到此次随访期间的症状。③测量体重、心率，计算体重指数（BMI）。④询问患者疾病情况和生活方式，包括心脑血管疾病、糖尿病、吸烟、饮酒、运动、摄盐情况等。⑤了解患者服药情况。

（3）分类干预。①对血压控制满意（收缩压 < 140mmHg 且舒张压 < 90mmHg）、无药物不良反应、无新的并发症或原有并发症无加重患者，确定下一次随访时间。②对第一次出现血压控制不满意，即收缩压 ≥140mmHg 和（或）舒张压≥90mmHg，或出现药物不良反应患者，结合其服药依从性，必要时增加现用药物剂量、更换或增加不同类的降压药物，2 周内随访。③对连续两次出现血压控制不满意或药物不良反应难以控制以及出现新的并发症或原有并发症加重患者，医务人员建议其转诊到上级医院，2 周内主动随访转诊情况。④医务人员对所有患者进行针对性的健康教育，与患者一起制定生活方式改进目标并在下一次随访时评估进展。告诉患者出现哪些异常时应立即就诊。

（4）健康体检。对原发性高血压患者，每年进行 1 次较全面的健康检查，可与随访相结合。内容包括体温、脉搏、呼吸、血压、身高、体重、腰围、皮肤、浅表淋巴结、心脏、肺部、腹部等常规体格检查，并对口腔、视力、听力和运动功能等进行粗测判断。具体内容参照《城乡居民健康档案管理服务规范》健康体检表。

（八）2 型糖尿病患者健康管理服务

1. 服务对象

辖区内 35 岁及以上 2 型糖尿病患者。

2. 服务内容

（1）筛查。医务人员对工作中发现的 2 型糖尿病高危人群进行针对性的健康教育，建议其每年至少测量 1 次空腹血糖，并接受医务人员的健康指导。

（2）随访评估。对确诊的 2 型糖尿病患者，每年提供 4 次免费空腹血糖检测，至少进行 4 次面对面随访。①测量空腹血糖和血压，并评估是否存在危急情况，如出现血糖 ≥ 16.7mmol/L 或血糖 ≤ 3.9mmol/L；收缩压 ≥ 180mmHg 和舒张压 ≥110mmHg；有意识或行为改变、呼气有烂苹果样丙酮味、心悸、出汗、食欲减退、恶心、呕吐、多饮、多尿、腹痛、有深大呼吸、皮肤潮红；持续性心动过速（心率超过 100 次/分钟）；体温超过 39 摄氏度或有其他突发异常情况，如视力骤降、妊娠期及哺乳期血糖高于正常等危险情况之一，或存在不能处理的其他疾病时，须在处理后紧急转诊。对于紧急转诊者，乡镇卫生院、村卫生室、社区卫生服务中心（站）应在 2 周内主动随访转诊情况。②若无须紧急转诊，询问上次随访到此次随访期间的症状。③测量体重，计算 BMI，检查足背动脉搏动。④询问患者疾病情况和生活方式，包括心脑血管疾病、吸烟、饮酒、运动、主食摄入情况等。⑤了解患者服药情况。

（3）分类干预。①对血糖控制满意（空腹血糖值 <7.0mmol/L），无药物不良反应、无新的并发症或原有并发症无加重患者，预约下一次随访。②对第一次出现空腹血糖控制不满意（空腹血糖值 ≥7.0mmol/L）或药物不良反应患者，结合其服药依从情况进行指导，必要时增加现有药物剂量、更换或增加不同类的降糖药物，2 周内随访。③对连续 2 次出现空腹血糖控制不满意或药物不良反应难以控制以及出现新的并发症或原有并发症加重患者，医务人员建议其转诊到上级医院，2 周内主动随访转诊情况。④医务人员对所有患者进行针对性的健康教育，与患者一起制定生活方式改进目标并在下一次随访时评估进展。告诉患者出现哪些异常时应立即就诊。

（4）健康体检。对确诊的 2 型糖尿病患者，每年进行 1 次较全面的健康体检，体检可与随访相结合。内容包括体温、脉搏、呼吸、血压、身高、体重、腰围、皮肤、浅表淋巴结、心脏、肺部、腹部等常规体格检查，并对口腔、视力、听力和运动功能等进行粗测判断。具体内容参照《城乡居民健康档案管理服务规范》健康体检表。

（九）重性精神疾病患者管理服务

1. 服务对象

辖区内诊断明确、在家居住的重性精神疾病患者。重性精神疾病是指临床表现有幻觉、妄想、严重思维障碍、行为紊乱等精神病性症状，且患者社会生活能力严重受损的一组精神疾病。主要包括精神分裂症、分裂情感性障碍、偏执性精神病、双相障碍、癫痫所致精神障碍、精神发育迟滞伴发精神障碍等。

2. 服务内容

（1）患者信息管理。医务人员在将重性精神疾病患者纳入管理时，需由家属提供或直接转自原承担治疗任务的专业医疗卫生机构的疾病诊疗相关信息，同时为患者进行一次全面评估，为其建立一般居民健康档案，并按照要求填写重性精神疾病患者个人信息补充表。

（2）随访评估。医务人员对应管理的重性精神疾病患者每年至少随访4次，每次随访应对患者进行危险性评估；检查患者的精神状况，包括感觉、知觉、思维、情感和意志行为、自知力等；询问患者的躯体疾病、社会功能情况、服药情况及各项实验室检查结果等。其中，危险性评估分为6级（0级：无符合以下1～5级中的任何行为；1级：口头威胁，喊叫，但没有打砸行为；2级：打砸行为，局限在家里，针对财物，能被劝说制止；3级：明显打砸行为，不分场合，针对财物，不能接受劝说而停止；4级：持续的打砸行为，不分场合，针对财物或人，不能接受劝说而停止，包括自伤、自杀；5级：持管制性危险武器的针对人的任何暴力行为，或者纵火、爆炸等行为，无论在家里还是在公共场合）。

（3）分类干预。医务人员根据患者的危险性分级、精神症状是否消失、自知力是否完全恢复，工作、社会功能是否恢复，以及患者是否存在药物不良反应或躯体疾病情况对患者进行分类干预。①病情不稳定患者。若危险性为3～5级或精神病症状明显、缺乏自知力、有急性药物不良反应或严重躯体疾病，对症处理后立即转诊到上级医院。必要时报告当地公安部门，协助送院治疗。对于未住院患者，在精神专科医师、居委会人员、民警的共同协助下，2周内随访。②病情基本稳定患者。若危险性为1~2级，或精神状况、自知力、社会功能状况至少有一方面较差，医务人员首先应判断是病情波动或药物疗效不佳，还是伴有药物不良反应或躯体症状恶化，分别采取在规定剂量范围内调整现用药物剂量和查找原因对症治疗的措施，必要时与患者原主管医生取得联系，或在精神专科医师指导下治疗，经初步处理后观察2周，若情况趋于稳定，可维持目前治疗方案，3个月时随访；若初步处理无效，则建议转诊到上级医院，2周内随访转诊情况。③病情稳定患者。若危险性为0级，且精神症状基本消失，自知力基本恢复，社会功能处于一般或良好，无严重药物不良反应，躯体疾病稳定，无其他异常，继续执行上级医院制订的治疗方案，3个月时随访。④医务人员每次随访根据患者病情的控制情况，对患者及其家属进行针对性的健康教育和生活技能训练等方面的康复指导，为家属提供心理支持和帮助。

（4）健康体检。在患者病情许可的情况下，医务人员征得监护人与患者本人同意后，每年进行1次健康检查，可与随访相结合。内容包括一般体格检查、血压、体重、血常规（含白细胞分类）、转氨酶、血糖、心电图。

（十）传染病及突发公共卫生事件报告和处理服务

1. 服务对象

辖区内人口。

2. 服务内容

（1）传染病和突发公共卫生事件风险管理。在疾病预防控制机构和其他专业机构指导下，乡镇卫生院、村卫生室和社区卫生服务中心（站）协助开展传染病和突发公共卫生事件风险排查，收集和提供风险信息，参与风险评估和应急预案制（修）订。突发公共卫生事件是指突然发生，造成或者可能造成社会公众健康严重损害的重大传染病疫情、群体性不明原因疾病、重大食物和职业中毒以及其他严重影响公众健康的事件。

（2）传染病和突发公共卫生事件的发现、登记。乡镇卫生院、村卫生室和社区卫生服务中心（站）应规范填写门诊日志、入/出院登记本、X线检查和实验室检测结果登记本。首诊医生在诊疗过程中发现传染病患者及疑似患者后，按要求填写《中华人民共和国传染病报告卡》；如发现或怀疑为突发公共卫生事件，按要求填写《突发公共卫生事件相关信息报告卡》。

（3）传染病和突发公共卫生事件相关信息报告。①报告程序与方式。具备网络直报条件的机构，在规定时间内进行传染病和（或）突发公共卫生事件相关信息的网络直报；不具备网络直报条件的，按相关要求通过电话、传真等方式进行报告，同时向辖区县级疾病预防控制机构报送《中华人民共和国传染病报告卡》和（或）《突发公共卫生事件相关信息报告卡》。②报告时限。发现甲类传染病和乙类传染病中的肺炭疽、传染性非典型肺炎、脊髓灰质炎、人感染高致病性禽流感、新冠病毒感染患者或疑似患者，或发现其他传染病、不明原因疾病暴发和突发公共卫生事件相关信息时，应按有关要求于2小时内报告。发现其他乙、丙类传染病患者、疑似患者和规定报告的传染病病原携带者，应于24小时内报告。③订正报告和补报。发现报告错误，或报告病例转归或诊断情况发生变化时，应及时对《中华人民共和国传染病报告卡》和（或）《突发公共卫生事件相关信息报告卡》等进行订正；对漏报的传染病病例和突发公共卫生事件，应及时进行补报。

（4）传染病和突发公共卫生事件的处理。①患者医疗救治和管理。按照有关规范要求，对传染病患者、疑似患者采取隔离、医学观察等措施，对突发公共卫生事件伤者进行急救，及时转诊，书写医学记录及其他有关资料并妥善保管。②传染病密切接触者和健康危害暴露人员的管理。协助开展传染病接触者或其他健康危害暴露人员的追踪、查找，对集中或居家医学观察者提供必要的基本医疗和预防服务。③流行病学调查。协助对本辖区患者、疑似患者和突发公共卫生事件开展流行病学调查，收集和提供患者、密切接触者、其他健康危害暴露人员的相关信息。④疫点疫区处理。做好医疗机构内现场控制、消毒隔离、个人防护、医疗垃圾和污水的处理工作。协助对被污染的场所进行卫生处理，开展杀虫、灭鼠等工作。⑤应急接种和预防性服药。协助开展应急接种、预防性服药、应急药品和防护用品分发等工作，并提供指导。⑥宣传教育。根据辖区传染病和突发公共卫生事件的性质和特点，开展相关知识技能和法律、法规的宣传教育。

（5）协助上级专业防治机构做好结核病和艾滋病患者的宣传、指导服务以及非住院患者的治疗管理工作，相关技术要求参照有关规定。

（十一）卫生监督协管服务

1. 服务对象

辖区内居民。

2. 服务内容

（1）食品安全信息报告。医务人员发现或怀疑有食物中毒、食源性疾病、食品污染等对人体健康造成危害或可能造成危害的线索和事件，及时报告卫生监督机构并协助调查。

（2）职业卫生咨询指导。医务人员在医疗服务过程中，发现从事接触或可能接触职业危害因素的服务对象，对其开展针对性的职业病防治咨询、指导，对发现的可疑职业病患者向职业病诊断机构报告。

（3）饮用水卫生安全巡查。医务人员协助卫生监督机构对农村集中式供水、城市二次供水和学校供水进行巡查，协助开展饮用水水质抽检服务，发现异常情况及时报告；协助有关专业机构对供水单位从业人员开展业务培训。

（4）学校卫生服务。医务人员协助卫生监督机构定期对学校传染病防控开展巡访，发现问题隐患及时报告；指导学校设立卫生宣传栏，协助开展学生健康教育。协助有关专业机构对校医（保健教师）开展业务培训。

（5）非法行医和非法采供血信息报告。医务人员定期对辖区内非法行医、非法采供血开展巡访，发现相关信息及时向卫生监督机构报告。

（十二）中医药健康管理服务

1. 老年人中医药健康管理服务

（1）服务对象。辖区内65岁及以上常住居民。

（2）服务内容。医务人员每年为老年人提供1次中医药健康管理服务，内容包括中医体质辨识和中医药保健指导。①中医体质辨识。按照《老年人中医药健康管理服务记录表》前33项问题采集信息，根据体质判定标准进行体质辨识，并将辨识结果告知服务对象。②中医药保健指导。根据不同体质从情志调摄、饮食调养、起居调摄、运动保健、穴位保健等方面对其进行相应的中医药保健指导。

2. 0~36个月儿童中医药健康管理服务

（1）服务对象。辖区内居住的0~36个月儿童。

（2）服务内容。医务人员在儿童6、12、18、24、30、36月龄时对儿童家长进行儿童中医药健康指导，具体内容包括：①为家长提供儿童中医饮食调养、起居活动指导。②在儿童6、12月龄时为家长传授摩腹和捏脊方法；在儿童18、24月龄时传授按揉迎香穴、足三里穴的方法；在儿童30、36月龄时传授按揉四神聪穴的方法。

第七章

文明社区创建

文明社区创建在社区发展中具有重要意义，它是在社会主义市场经济条件下广泛发动群众积极参与社区发展的伟大实践，是进一步深入开展群众性精神文明活动的有效载体，是把精神文明建设和社会治理各项工作落实到基层的一项重要措施。在全面推进小康社会进程中，我们必须扎实推进文明社区创建，努力建设文明和谐的现代化新型社区，切实提高市民素质和城市文明程度，为实现中华民族伟大复兴的中国梦凝聚强大的精神力量，形成有力的道德支撑。

第一节 文明社区创建概述

文明社区创建是指在传统社区的基础上，将文明作为社区创建的宗旨，即在社区建设、社区治理、社区服务、社区精神方面贯彻文明理念，使之成为环境优美、卫生清洁、服务周到、居民道德高尚、适合生存和发展的人类居住地。随着经济社会的发展，文明社区创建工作逐渐受到重视，其内涵日益丰富，已成为提高市民素质和城市文明程度的主要环节，也是衡量城市精神文明建设水平的一个重要标准。

一、文明社区的内涵

"文明"一词最早出现在《易经·乾·文言》中："潜龙勿用，阳气潜藏。见龙在田，天下文明。终日乾乾，与时偕行。"17 世纪中后期，清代戏曲理论家李渔在《闲情偶寄》中说"求辟草昧而致文明"，显然，这里的"文明"与"野蛮"是相对立的，表明社会的进步程度。恩格斯在整理马克思关于读摩尔根《古代社会》笔记的基础上撰写的《家庭、私有制和国家的起源》一书中，更是提出了"文明时代"的概念。

所谓"文明社区"，是一个综合性的荣誉称号，是积极践行社会主义核心价值体系，坚持物质文明和精神文明两手抓，各项事业全面协调发展，精神文明建设成效突出，在社会上发挥示范引领作用的社区。

衡量文明社区的主要指标和内涵就是社区整合度（社区各个组织的一致性程度）、社区教育的经常化、社区服务的网络化、社区环境的美观化、社区治理的制度化、社区文化的系列化、社区安全的保障化等各方面，具体来说，宏观上包括社区文化建设和社区服务建设；中观上包括社区道德建设；微观上包括文明社区家庭建设。有研究者提出，文明社区至少应包含以下4个方面的内容①。

（一）社区物质文明

社区物质文明是指能够满足居民不断增长的物质生活需求和精神文化生活的基础设施建设，包括道路交通、住宅建筑、文化设施等一系列硬件设施建设合理，通常表现为社区住宅建筑宽敞、交通便利、道路宽阔、绿化优美，健身路径、休闲会所等文化体育和服务设施齐全，排水系统完善、商业网点布局合理。

（二）社区精神文明

社区精神文明是指社区通过在居民中积极开展对社会公德、职业道德、家庭美德、个人品德等的宣传，在社区中推进核心价值体系建设。此外，运用教育、引导、规范等手段使公民树立社会志愿互助精神，使高尚的思想道德情操和人与人、人与社会彼此依赖、相互信任、守望相助的关系及社区居民的归属感、认同感、参与意识等在社区居民中普遍形成，努力形成新型人际关系。

---

① 李笑．社区工作与服务实务［M］．北京：经济管理出版社，2014.

（三）社区政治文明

社区政治文明是指健全基层自治组织和民主管理制度，对涉及社区居民利益的政务信息进行公开，在一些政府组织的活动中，寻求和拓宽社区居民参与政治的途径，保证人民群众依法直接行使民主权利，积极调动社区居民参政议政的热情，让社区居民谈认识、提意见、出点子，齐心协力解决实际问题。

（四）社区生态文明

社区生态文明指的是人的全面发展和生态自然互相促进、协调发展的内在统一，体现为生态文化、生态道德、绿色消费、可持续发展等生态文明理念在社区牢固树立，生态技术、生态住宅、生态环境效应在社区随处可见。教育引导社区居民自觉按照可持续发展的要求，积极参与并推行绿色消费，选用清洁能源，显著改善社区人居环境和生活质量。

二、创建文明社区的意义

随着经济体制改革的深入和现代化进程的加快，社会结构和人们的就业方式、生活方式发生深刻变化，社区工作的对象越来越庞大，城乡居民与社区的关系越来越紧密，社区也越来越成为人们生活的精神依托和社会管理的重要组织方式。扎实做好文明社区创建工作已成为加强基层群众工作、推进城市改革发展、提高居民幸福指数的一项重要而紧迫的任务。

（一）创建文明社区是维护改革发展稳定大局的必然要求

随着我国社会主义市场经济的逐步完善和发展，"小政府、大社会"的格局逐渐形成，大量的社会治理、服务和公共事务从企业和政府职能中分离出来，转移到社区，由社区承担，原来的"企业人""单位人"变成"社区人"，社区成为城市的基础和细胞，以及政府的助手、桥梁和缓冲地带。深入开展创建文明社区活动，强化社区的稳定、凝聚、服务、教育等功能，有利于营造良好的创业氛围，促进社区经济、社会的协调发展；有利于将政府与企业职责、政府与社会职责分开，实现"小政府、大社会"的改革目标，特别是当前我国已经进入全面建成小康社会，加快推进社会主义现代化的新的发展阶段，改革进入攻坚阶段，发展处在关键时期，社会稳定面临许多新的问题和新的情况，如部分国有企业生产经营困难，还有相当一部分下岗和失业人员面临就业压力，一些群众生活困难，部分干部群众存在种种思想认识问题。这些问题的存在会影响社会稳定，要维护社会稳定，首先城市要稳定，而城市稳定的基础就是社区稳定，因此，创建文明社区对促进社会稳定有重要意义，有利于广泛动员各方面力量进一步做好下岗职工再就业和社会保障工作，为企业转制创造良好的外部条件；有利于及时把各种社会矛盾和问题解决在基层或消灭在萌芽状态，维护社会稳定。

（二）创建文明社区是城市精神文明建设的重要组成部分

城市精神文明建设就是要努力提高城市文明程度，提高城市居民的思想道德素质和科学文化素质以及健康水平，积极发展社会主义先进文化事业，深入开展群众性的精神文化活动，从而实现环境优美、秩序优良、服务优质、人民安居乐业的目标，而这一切目标需要通过文明社区建设的不断发展方能实现。实践证明，文明社区建设已经成为现代城市文明与进步的重要标志，是城市精神文明建设的基础、前奏、窗口，社区建设的文明程度直接影响和制约宏观精神文明建设、城市建设与管理的水平和程度。文明社区建设的发展，有利于把争当文明市民、文明家庭、文明楼院、文明街道和文明城区等不同层面的创建活动贯穿起来，形成浓厚的争先创优氛围；有利于创建工作由点到面，连点成线，滚动发展，最终实现建成文明城市的工作目标；有利于促进有关部门和行业在参与创建文明社区工作过程中，提高自身服务水平和服务质量，实践服务群众、奉献社会的创建文明行业宗旨；有利于增强城市对周边地区的辐射、示范和导向作用，通过以城带乡，切实提高创建文明村镇的工作水平。

（三）创建文明社区是提高居民生活质量的有力抓手

在经济发展、生活水平提高的背景下，居民对提高生活质量和改善生活环境的要求更加迫切；物质丰富了，居民对精神文化生活的需求就呈现出快速增长态势，越来越多的社区居民关心、在乎社区建设，迫切希望党委、政府能提供一个更舒适、优越的居住环境。广大群众是城区文明建设的推动者和实践者，他们有义务投身城区现代化建设事业，同样有权利享受优美舒适的人居环境、丰富多彩的文化生活、稳定安全的社会秩序。因此，深入开展文明社区创建活动，是一件得民心、顺民意的大好事。只有大力加强文明社区建设，通过开展形式多样、内容丰富的文体活动来不断满足广大社区居民不同层次的精神需要，才能在满足社区居民精神文化需求、提高精神文化品位上起到积极推动作用。同时，对于引导居民建立平等、团结、互助、和谐的人际关系，传播健康、文明、科学的生活观念，全面促进居民文明素质和社区文明程度的提高，都具有十分重要的现实意义。

（四）创建文明社区是把思想政治工作落实到基层的重大举措

近年来，我国坚持以习近平新时代中国特色社会主义思想为指导，深入学习宣传贯彻党的二十大精神，深学笃行习近平文化思想，统筹推动文明培育、文明实践、文明创建，推进城乡精神文明建设融合发展，大力提升市民文明素质和城市文明程度，不断为新时代新征程全面建设社会主义现代化提供强大精神动力。文明社区建设把党的二十大提出的精神文明建设任务落实到基层，提供了重要载体和有效途径。开展创建文明社区活动，有助于促进基层党组织建设，充分发挥社区党支部的战斗堡垒作用；有利于协调有关部门和人民团体发挥各自优势，齐抓共管建设好社区这个重要阵地；有助于把思想教育寓于服务、娱乐、管理和参与中，使我们党宣传群众、教育群众、引导群众、提高群众的工作，能够真正深入群众生产和生活中，使我们进一步增强工作的针对性和实效性，把思想工作做到千家万户。

（五）创建文明社区是唤醒家园情怀和情感回归的生动载体

中国的传统社会是一个熟人社会，一个村落方圆几里，从大人到孩子，互相认识，人们通过种种"知根知底"，直接或间接把各种关系像蜘蛛网一样联结起来。随着时代的发展，中国社会急剧转型，社会流动频繁，绝大多数社会交往行为发生在陌生人之间，中国社会从"熟人社会"转向"陌生人社会"。《孟子·滕文公上》说："乡田同井，出入相友，守望相助，疾病相扶持，则百姓亲睦。"然而，当防盗门和猫眼隔离了邻居的隐私时，相应地也阻断了咫尺之间的问候，邻居成为"熟悉的陌生人"，共同居住在一个小区一栋楼，"迎面相撞不认识，擦肩而过不问候"是寻常事，曾经田舍俨然、鸡犬相闻的桃花源，变成了只闻楼门响、不见故人来的城市孤岛，让离乡离土的生命无处放、梦魂无所依。常言道，远亲不如近邻，"金乡邻，银亲眷；邻里好，赛珍宝"。其实，越是在市场经济背景下，社会越需要精神文明、互助意识、家园情怀，越需要弘扬文化传统积淀下来的最宝贵的财富和人性中最温暖的东西，可以说，创建文明社区是人民群众沟通心灵和情感的内在需要。通过文明创建活动，社区可以发挥桥梁纽带作用，充当"黏合剂"，放大磁场效应，让居民打破自我封闭小空间，主动融入社区创建大家园，让居民在现代社区的新型邻里关系中重新找到温暖。

（六）创建文明社区是强化城市基层组织建设的有效途径

街道办事处、居委会等作为城市基层组织，在社区建设和管理中承担着重要的工作任务，人民群众对其期望值越来越高，这就迫切需要街道办事处、居委会适应新形势新任务的需要，更新工作理念，转变工作作风，改进工作方法，提高工作水平。开展文明社区创建活动，是将为民服务的理念和履职情况落实到基层、落实到具体工作中的重要途径。在文明社区建设的过程中，势必要回答各行业、各部门的文明创建活动如何统筹协调、相互促进的问题，势必要探索流动人口在文明社区建设中如何发挥作用以及流动人口所辐射的乡村文明建设引发的城乡文明共融的对接问题，势必要考虑由非公经济组织党建问题引发的社区党建在文明社区建设中的地位与作用问题，势必要谋划现代高科技手段对传统思想政治工作的冲击与应对问题，等等。所有这些都将推动基层组织着眼于社区功能的形成、发挥和提升，根据文明社区建设的现状和对未来的预期，不断在制度上进行调整和创新，这就有利于基层组织转变职能，提高自身建设和管理服务水平，成为社区良好环境的建设者、发展规划的科学制定者、公共产品和服务的有效提供者、公共秩序强有力的治理者、一流城市形象的塑造者。

第二节　文明社区创建主要内容

文明社区创建的目的就是进一步巩固以社会主义核心价值体系为根本的思想基础，形成我为人人、人人为我的社会氛围和齐心协力推动社会科学发展、跨越发展的共同追求；进一步优化生活环境、社会风气、公共秩序和公共服务，显著提高公民文明素质、生活品质及社区文明程度。围绕这些目标，明确相应的创建原则、工作重点和评价指标，成为文明社区创建理论和实践的重要内容。

一、创建文明社区基本原则

（一）围绕中心，服务大局

紧紧围绕经济建设中心，坚持为大局服务，为改革、发展、稳定服务的工作定位，通过科学规划，将包括创建文明社区在内的精神文明创建工作进一步融入推进社区科学发展跨越发展的生动实践中。长期坚持"两手抓，两手都要硬"的工作方针，实现精神文明创建工作与各省份经济社会发展"十四五"规划相衔接，与现有相关法规制度相衔接，努力使创建活动在服务大局中推进、深化、提高，促进经济建设、政治建设、文化建设、社会建设和生态文明建设协调发展。

（二）求新突破，创先争优

发扬先行先试和改革创新精神，充分发挥社区的积极性、主动性和创造性，努力探索新形势下文明社区创建工作的新特点和新规律，增创创建机制新优势。要根据精神文明创建内涵的拓展和项目指标的变化，努力扩大创建领域，紧扣时代主题，创造文明社区创建工作的新形式、新手段、新载体、新经验，推动文明社区建设再上新台阶，呈现新面貌。

（三）以人为本，务求实效

服务人民，造福人民，是创建文明社区的基本立足点，也是保持创建活动生命力的关键。要把实现最广大人民群众的根本利益作为出发点和落脚点，坚持为民惠民，贴近实际、贴近生活、贴近群众，把教育人、引导人、鼓舞人和尊重人、理解人、关心人统一起来，大力提升人的素质、促进人的全面发展。创建活动要采取群众喜闻乐见的方式，多征求群众意见，多同群众商量，多吸引群众参与，坚决防止脱离实际、脱离群众，坚决反对形式主义、官僚主义。

（四）典型带动，全面提升

充分发挥全国、省、市级文明创建先进典型的带动作用，老典型要树立更高的创建目标，力求达到更高的层面；在总结推广已有成功经验、学习老典型的基础上，继续培育各类新的先进典型。要通过舆论宣传和各种手段，使先进典型在各区域、各层面创建活动中产生示范、延伸、辐射效应，从示范点抓起，以点带面，由面连片，齐头并进，全面提升。

（五）整合资源，共建共享

积极调动社区内机关、部队、企事业单位、团体组织等一切力量广泛参与，做到有钱出钱，有力出力，有主意出主意，有本事拿本事，群策群力，共谋创建，最大限度地实现社区资源的共有、共享，营造共驻社区、共建社区的良好氛围。

（六）因地制宜，常抓不懈

经济文化发展不平衡是城市发展的客观现实，因此，文明社区创建要从实际出发，因地制宜，循序渐进，根据实际确定工作的重点，区别发达地区与欠发达地区、中心城市与其他城市、新城区与老城区的不同情况，适应城市发展水平和社区建设要求，有计划、有步骤地稳步推进。要创造条件，克服困难，持之以恒，常抓不懈，日积月累，久久为功。

二、文明社区的评价标准及应用价值

所谓文明社区评价标准，就是衡量和测评社区文明程度的一系列相互联系、相互影响、相互作用而又相对独立的具体指标的集合体。既然文明社区是物质文明、精神文明、政治文明和生态文明的共同成果，那么，它的创建内容是涉及多领域多方面的，其评价标准也是一个综合性的指标体系。

（一）评价标准

目前，文明社区还没有统一的测评体系，各省份制定的标准也不同。省级文明社区（小区）创建基本标准如下。

1. 领导班子坚强有力

班子成员团结协作、作风民主、勤政廉政，在群众中有较高威信。党组织战斗堡垒作用强，党员先锋模范作用好。把文明社区（小区）创建活动提上重要议事日程，主要领导负责抓，目标明确、措施有力、责任落实。

2. 社会风气健康向上

充分利用社区宣传文化阵地宣传党的路线、方针和政策，深入开展争当文明家庭、文明市民等活动，形成爱国守法、奋发进取、敬业奉献的良好风尚，形成尊老爱幼、家庭和睦、邻里团结的和谐氛围。

3. 社会治安稳定有序

安全防范责任制落实，群防群治队伍健全。外来暂住人口和房屋出租管理规范有序。闲散青少年等重点青少年群体得到有效管理。辖区居民对社区治安状况满意度大幅提高。

4. 生活环境整洁优美

社区整洁卫生，绿化布局合理，绿化率达标，道路平整。无乱停放车辆、违章搭盖、乱堆杂物、乱贴乱画、乱设摊点等现象。日常保洁到位，倡导垃圾分类。积极消灭"四害"，不养家禽和无证犬。烟尘控制、噪声治理达到标准。

5. 服务体系健全完善

社区服务网络健全，服务网点布局合理。推行物业化管理，建立健全社区服务中心（站）、志愿服务站，积极提供便民利民服务，开展学雷锋志愿服务等社会公益活动。

6. 文体活动活跃

文体、科教、卫生、法律等进社区活动扎实，社区文体设施能满足需要，经常开展丰富多彩、内容健康的文化体育活动。

（二）评价标准的应用价值

文明社区评价标准不是一成不变的，它会随着时代发展和省情变化及时调整，以便更贴近实际，更科学有力，能够充分发挥"指挥棒"作用。

1. 评价作用

根据既定的测评标准和测评办法对各地创建文明社区活动进行检测，找出反映创建进程质量和成果的数据与资料，进而在整体上反映各地的各种社会现象，并对其社会效益和影响展开综合评价；监测和揭示各地在创建文明社区过程中产生的各种矛盾和问题，并分析产生矛盾和问题的原因，及时反馈给决策部门；衡量比较或评价创建社区的状况，对文明社区指标体系进行地区比对、历史比对，从中鉴别先进落后，找出差距，进而为评选命名表彰工作提供依据。

2. 导向作用

文明社区相关考评内容和标准，比较全面系统地体现了现阶段创建文明社区的较高要求，其中一些内容具有前瞻性。这对于各地在创建活动中坚持高标准、严要求、宽领域等具有重要的引导作用。按照测评办法和要求，各社区能够比较清晰地对标找差，查缺补漏，避免工作盲点和短板，不断提高创建文明社区工作水平。

3. 激励作用

创建文明社区，是创建文明城市的一项基础性工作，也是广大市民的强烈愿望。各级党委、政府和各单位、各社区以此为契机，动员广大居民广泛参与各种形式的创建活动，以推动各项工作的蓬勃发展。

4. 促进作用

相关部门通过文件印发、培训宣传等各种方式，将创建文明社区的内容、标准及评选方法告诉居民，让居民了解标准、掌握标准，有利于广大居民对创建工作建言献策和检查督促，特别是通过对居民抽样问卷调查，体现了人本原则和居民标准，从而促进居民在创建文明社区中更好地发挥主力军作用。

三、创建文明社区的工作重点

文明社区建设内涵丰富、外延宽广，是一个值得不断探索和研究的问题，它的界定不仅要充分考虑社区居民切身利益的需要，而且要考虑社区建设本身的实际情况以及政府部门在其所辖区域内开展工作的需要，总体上应以做好社区居民服务为出发点和落脚点，以社区居民迫切需要解决的问题为突破口，以居民满意为根本标准，应当包括以下9方面重点内容。

（一）完善公共设施

加大投入，不断完善硬件设施。公共设施主要包括布局合理的住宅楼、内外畅通的道路与各具特色的步行街、洁净的垃圾中转站与公共厕所、服务优良的农贸市场与商业网点、公园式的绿化设施、独具风格的艺术雕塑、体现文化特色的宣传设施、严肃健康的文化娱乐设施、各种类型的教育设施、数量适当的公益广告栏与标志性牌楼、相对集中的停车场地以及供电、供水、供气和有线电视等公共设施。

（二）优化生态环境

随着社会经济的发展和人们需求的不断提高，如何保护和改善社区环境已成为广大居民关心的主要问题，也是文明社区建设的重要内容之一。生态环境主要包括自然环境、社会环境、文化环境和工作环境等，具有物质和文化两重属性。其中，最重要的是与社区居民日常生活密切相关的生态环境、住宅环境和公共环境。当前一个重要任务就是从自然生态和社会心理两个方面创建一种能充分融合技术和自然的适合人类活动的优美环境，激发人的创造精神，提高社区居民的物质和文化生活水平。

（三）提高市民素质

如果说优美的生态环境是文明社区的外观，那么，社区居民的精神风貌即市民素质就是社区的灵魂。加强市民的思想政治建设，确立社会主义现代化的世界观、人生观、价值观，培育有政治觉悟、有崇高理想追求、有较高道德水准特别是社会道德水准和个性修养的现代城市市民；加强科教文化工作，提高民众文化科学意识和水平，培养有较高科学文化素质的市民；注重加强法治宣传普及工作，提高市民的法治观念和权利义务意识，培养遵纪守法的市民。

（四）打造经济实业

创建文明社区，需要一定的投入。有关资料显示，一个国家级的文明社区的硬件设施，所需投入不少于100万元，一个省级文明社区的建设也需耗费50万元以上。如此之大的资金量投入完全依靠政府或企业显然是行不通的，或者单纯依靠向社区居民收费也是不现实的，同时违背了文明社区建设的宗旨。在文明社区创建过程中，相关机构和居委会可充分利用住宅小区的资源与市场优势，大力发展社区经济实体，诸如住宿、餐饮、修理、咨询、商业等，这既方便了居民的日常生活，又使社区增强了自身的经济实力，对于积累建设资金、解决社区就业问题和增强社区发展后劲无疑具有很大的促进作用。

（五）拓展社区服务

社区通过广泛开展社会福利和公益服务，为居民提供最基本的生活保障和社会福利，以优化生活环境、提高居民生活质量、调节居民人际关系、促进社区精神文明建设。社区服务包括以下三大项目。第一，公共服务。它是为社区内全体住户提供的经常性服务。主要包括卫生服务、健康服务、维护服务、治安服务等。第二，专项服务。它是为社区内某些成员提供的专门服务。主要包括为老年人、残疾人、儿童、下岗者、单身者以及弱者、困者、急需帮助者提供的特殊服务。第三，特约服务。它表现为或上门服务，或利用节假日摆摊设点集中服务，或有偿服务，或无偿服务，等等。

（六）培育社区文化

良好的社区文化是文明社区建设的基础，也是社区居民生活中的重要组成部分。社区文化，一般是指社区内文化现象的总和，即社区居民在特定区域内和长期实践中形成的独特的群体意识、价值观念、行为模式和文化形式等，它在提高居民文化娱乐水平、艺术修养、生活乐趣、审美情趣、思想意识等方面，在转变社会风气、改善人际关系、发挥人的积极性、增强居民的归属感和亲和力以及塑造良好的人文氛围等方面都具有不可替代的作用。应当在文化设施上形成多级（指市、区、街道、居委会、楼栋，乃至家庭，层层都有文化设施）、多线（指戏剧、电影、广播、电视、图书、展览、博物、棋类、球类等）、多点（指文化设施的布点要高低错落有序、疏密相间有致）的经纬交错的文化网络，采取各种有效措施吸引广大居民积极参与，同时加强制度化管理。

（七）强化安全秩序

安全秩序建设内容大致包括法治教育与普及：人民调解工作、教育感化违法或轻微犯罪，各种安全硬件设施的规划与建设，市场等繁华热闹场所和主要路口路段以及学校等重点部位的治安秩序管理，对流动人口的管理，对流动摊贩及各种闲杂人员的管理，对"脏、乱、差"的整治和对街容市貌的美化，等等。能否强化安全秩序建设，树立新风、弘扬正气，维护社区安定、井然有序的秩序，是当前广大居民群众反映强烈、关注较多的热点问题之一，也关系到能否创造一个良好的生产、工作、学习环境和社会生活环境。

（八）改善人际关系

一个文明社区的理想境界，不仅要求经济富足、环境优美，而且要求精神充实健康，更重要的是要求社区内居民之间的人际关系呈现团结友爱、互帮互助、和睦和谐、积极向上的面貌。然而，在现代化大都市建设不断加快的进程中，人们在尽情享受居住环境日益改善带来的乐趣的同时，又时常受到关系淡漠、遇事无助、人情冷漠、偷盗成风、环境脏乱等所谓"社区病"的困扰。创建文明社区，必须克服和医治这种"社区病"，营造一种具有东方文化氛围的大家庭式的人际关系。

（九）创新管理模式

随着社区的日益发展，社区治理的地位与作用变得越来越重要。综观当前各大城市住宅小区情形，大体有 5 种类型，即物业管理型、旧式新村型、机关院落型、企业厂区型、民房院落型，基础条件和人群素质存在差异。小区管理主要有三种模式：一是以县（市、区）、街道办事处为主成立住宅小区管理委员会的管理模式，这是一种最常见的模式；二是以房产部门管理为主成立住宅小区管理服务组织的管理模式，这主要见于那些新建的商品房住宅小区；三是以房地产综合开发部门为主成立住宅小区管理服务公司的管理模式。社区治理主要是指处理和安排社区的各个成员、各种社会群体和组织相互之间的关系，因为社区是人们共同营造和分享的生活家园，社区治理需要人人参与，总的趋势是其必将突破行政管理体制，逐步形成群众自治性社会团体与服务性企业相结合的管理模式。其内容包括建立和完善科学合理的管理组织体制、加强管理人员的综合素质培养、制定和健全一系列规章制度与法规条例等。

第三节　文明社区创建的现实困境与路径选择

创建文明社区是创建文明城市活动中蓬勃兴起的新生事物，它的生命力极强，影响力极大，在很多地方，"创文明社区，建文明城市，做文明市民"的目标和口号家喻户晓、深入人心；它的范围极广，几乎所有社区都在文明城市创建活动中奋发有为，充当主力军，一批新型文明社区初具规模。随着经济社会的快速发展，社区的文明建设工作出现了许多新情况和新问题，还不能完全追上城市文明建设的发展步伐，不能完全发挥社区在城市建设发展中应有的责任和作用。如何提高创建文明社区工作的认识，认真梳理存在的问题，从创建文明社区的目标任务出发，从实际出发，采取有效措施，深入开展创建文明社区活动，是我们当前面临的一个重要课题。

一、创建文明社区存在的主要问题及原因

从文明社区创建现实状况来看，主要存在以下7个"不"。

（一）思想认识不到位

社区是文明城市的主阵地，创建文明社区是创建文明城市工作中的重要内容和指标，可以说没有社区的文明创建就不可能实现整座城市的文明创建。现实中，很多地方、部门领导对其认识相对滞后，在议事过程中，它尚未占一席之地，这些领导错误地认为"文明建设是小事，只有经济建设才是大事""文明社区是软指标，可抓可不抓""社区工作是民政部门、街道、居委会的工作，与其他部门关系不大，可管可不管""文明社区建设摊子大、投入多、产出少、见效慢"，导致文明社区创建无论是政策上还是资金上都缺乏有力的支持，表现为一些社区和单位应付式开展创建工作，没有把创建的标准和要求与社区或单位工作实际很好地结合起来，出现了"讲起来重要，干起来次要，忙起来忘掉"现象，创建工作只停留在表面上，更有甚者，一些社区没

有很好地抓自身创建，对创建工作持消极态度，认为是多此一举、无利可图，增加额外工作负担；另外，比较突出的问题就是缺少持之以恒精神，一些单位部门在抓创建工作中重在应付检查，遇到检查时突击一阵，过后又松懈下来，存在抓抓停停、时松时紧现象，或者出现"牌子到手，创建到头"的状况。

（二）居民参与热情不高

创建文明社区是人民群众在党的领导下创造美好生活的生动实践，社区居民是社区参与的主体，尤其是在我们这样一个经济还不够发达、人力资源相对充足的国家，引导民众广泛参与推动社区建设工作已成为现实的选择，但从现实来看，社区居民参与状况还不适应文明社区创建的客观需要。一是部分居民的参与意识薄弱，没有意识到自己是社区建设的主体，对社区创建应尽一份责任和义务，而是坐享其成，在许多社区，参与社区建设活动的往往集中于老年人群体，尤其是老年女性群体；二是居民参与内容不够深入、广泛，仅限于楼院卫生清扫及一般性的文体健身活动。分析原因，宣传力度和覆盖面不够，宣传形式单一、内容浅显，宣传教育活动似乎开展得轰轰烈烈，但真正贴近居民需求的还不多，导致很多社区居民对文明建设工作都茫然不知或知之甚少，甚至一些社区内的企事业单位对文明建设工作都不太了解，从而造成社区居民及单位参与度不够，参与热情不高，缺乏主动性和积极性。

（三）社区人才和居民素质不高

科班出身的社区专业人才凤毛麟角，社区工作人员有的是从企业调整过来的，有的是从机关缩编下来的，有的是下岗职工，还有的是离退休人员，来源渠道众多。虽然近年来各地不断从大学毕业生中选派录用一些人才充实到社区，但从总体上看，社区工作人员还存在文化程度偏低、年龄结构偏大、专业知识匮乏、创新意识薄弱等特点，在一定程度上制约了创建工作的开展。另外，社区居民素质良莠不齐，随着经济的迅速发展，下岗人员、失业待业人员、离退休人员和流动人口逐渐增加，他们在思想认识等各个方面均存在较大差异，尤其是边远地区的社区居民，以外来户、农村流动人口居多，他们的文化素质和文明素养程度都较低，无论是思想觉悟还是生活方式，和文明社区的标准都还有一定差距。众所周知，良好的社区环境需要社区内每一个居民的共同维护，居民文明素质的提高才是真正解决文明社区建设难题的关键。

（四）经费投入不足

经费短缺问题是影响文明社区建设的关键因素，使文明建设和发展工作陷入停滞或半停滞状态。城市化建设发展到今天，已经有了相当高的水平，但对于城市社区来说，社区建设资金短缺问题还是比较严重。因资金缺乏而制约社区建设的开展主要表现在以下几方面：办公用房达不到标准，一些办公用房都是租借的，不仅面积窄小，而且设备简陋，办公环境较差；用于开展社区文体活动的资金相对不足，从而使很多社区无法或很少开展丰富多彩的文娱活动；因缺少资金和补助，不少社区无法兴建或改造社区图书馆、阅览室、文体活动室等公共活动场所，从而使文明建设活动单一枯燥，文化氛围不够浓厚。

（五）政府提供服务不全

政府缺乏供社区居民正常表达利益需求的渠道、途径及解决机制，从而给社区的和谐稳定带来威胁。另外，政府在培养和催生社会各类要素与政府的社会组织方面作用没有充分发挥出来。此外，尚未建立文明建设的宏观系统，这种情况往往导致文明社区建设的管理主体不够明确，如教育、卫生、科学、法律、环保、文化进社区，呈"条状"的各相关部门单打一地行动，而不是"网状"的贯通，无法形成优势互补、齐抓共管的强大合力。政府各职能部门的社区派出机构，如派出所、工商所、税务所、医院等部门之间，大多各自为政，社区资源难以实现整合与共享。有些行业仍然习惯于垂直管理，对当地的文明创建工作不够配合、不够支持，乡镇、街道和社区对这些单位缺乏制约的办法，个体、民营、股份制等新型经济组织精神文明创建工作相对滞后，在动员机制、组织机制、推进机制、考核机制等方面还有许多工作要做。

（六）基层居委会职能不顺

城市居委会是居民自我管理、自我教育、自我服务的基层群众自治性组织。在我国大多数城市的社区治理中，由于政府的纵向强势管理力量依然强大，政府直接干预社区居民生活的地位和职能依然没有弱化，基层居委会很难成为真正的居民自治组织，也无法代表社区居民的利益或带领居民处理自己社区内部的公共事务。在大多数城市，社区对居委会、业主委员会、物业管理公司三者的职能定位不明，在一些方面还存在侵害社区居民利益现象，这在很大程度上影响了我国文明社区的创建和发展。此外，日趋明显的贫富差距及社会保障的乏力，在经济利益导向下，社区文化特色与人文精神的危机、居委会工作人员收入偏低、后顾之忧严重等问题也凸显了目前文明社区创建的窘境。

（七）社区文明发展整体不平衡

作为城市文明的元素和城市文化的外化，社区文明势必受到城市文化力左右和经济力的直接影响。从整体上看，经济欠发达地区的文明社区建设发展与经济发达地区的差距较为明显，无论是硬设施还是软环境都有明显的劣势。一些经济较为落后的山区县，教育科技含量不足、文化资源匮乏，尤其缺少建设大型的大众性公共文化设施和公共教育设施的能力，无法满足当前居民多样化、专业化的公共服务需求，不利于文明社区的建设，也不符合社会发展的总体趋势。

二、创建文明社区路径选择

创建文明社区既是一个复杂的社会系统工程，又是一项长期、艰巨、细致的工作，必须从加强组织领导、完善工作机制、优化人才队伍、提升舆论宣传、突出重点工作、强化投入保障等方面切入，紧紧围绕创建目标，采取有力措施，切实提升文明社区创建工作科学化水平。

（一）加强组织领导，明确责任要求

创建文明社区就是要将更多的人力、物力、财力科学合理、持续有效地投入改善社区公共基础设施、优化社区人居环境、营造健康的社区文化氛围与和谐的人际关系、促进提升城市综合竞争能力和持续发展水平等方面。各级党委和政府要把创建文明社区工作提上重要议事日程，坚持和完善"党委统一领导、党政群齐抓共管、文明委组织协调、有关部门各司其职、全社会积极参与"的领导体制和工作机制，制订文明社区创建规划，将其纳入城市和社区经济社会发展的长远规划和年度计划。社区要成立社区工作领导小组，负责研究制定社区建设及社区创建的各项政策措施，对创建工作进行总体部署安排，认真组织、指导、督促有关部门和社区各负其责地做好创建工作。各街道、居委会、社区要树立守土有责理念，把创建工作摆在突出位置，切实以《全国文明城市测评体系》为指导，按相关标准和要求规划、指导、考核创建，从体制创新入手，重点在创建考评机制上进行突破，着力实现"创建主体明晰化、目标责任具体化、创建指标定量化、监督检查日常化、责任追究制度化"，细化分解任务，明确工作要求，建立严格的监督、奖惩机制，确保工作有人落实，问题有人解决，责任有人担当，做到一环扣一环、一级抓一级，持续推动创建工作深入开展，形成"以街道办事处、社区居委会为依托，以相关职能部门为纵轴，以共建单位为网络，以辖区群众为纽带"的纵横交错、齐抓共管、上下一心的生动格局。

（二）注重宣传引导，营造良好氛围

创建文明社区是一项群众性工作，社区居民是创建工作的参与者、支持者，又是创建成果的直接受益者，更是创建工作的不竭动力。社区工作者要始终围绕提高居民对文明社区创建的知晓率和支持率做好各项宣传发动工作，有机整合利用宣传资源，形成大宣传、大教育、大服务的格局，形成宣传合力。创新宣传思想工作形式、手段和方法，在实际工作中注重贴近群众，在内容上避免单一枯燥，在形式上不与实际脱节。社区工作者要通过媒体宣传、街头宣传、文艺宣传、上门发放宣传资料、橱窗、板报、标语、网络、手机短信、电子显示屏等进行宣传引导，进一步加大宣传造势，完善居民参与机制，动员广大居民积极参与文明社区创建活动。社区要充分发挥社区老党员、老干部、老教师、志愿者的作用，定期对社区居民进行人际关系、科普知识、法律、法规等方面的培训。积极引导发挥先进模范人物的带头示范作用，通过社区中的道德模范、文明标兵的现身说法，以鲜活的事例、感人的事迹对广大居民进行教育，营造你争我赶、积极向上的氛围。社区工作者将日常性工作和集中性活动相结合，组织开展一些影响力大、带动性强、社会关联度高、广大居民满意受益的主题活动，使广大居民在参与中接受教育，在实践中提高文明素质。

（三）把握区域特点，实施分类指导

各地经济社会发展水平有较大差异，要根据不同地域、不同社区的实际情况，因地制宜、区别对象、分类指导，制定不同对策。对软件建设过硬、硬件设施完善的先进社区，要坚持高标准、严要求，争取将其打造成精品社区、文明示范社区；对中间层次的，要采取激励和帮促措施，找准薄弱环节，做好补缺工作，促其尽快达标，提升社区建设整体水平；对综合实力较弱的社区，要集中力量进行攻坚，促使其转变提高，做到守土有责、守土有方、守土有效，要不断探索新途径、新方法，找出问题的症结所在，抓住契机因势利导，使突破难点弱点成为文明社区创建工作的新亮点。要把竞争机制和监督机制引入创建工作，推动文明社区创建工作不断深入发展，形成"先进上水平、中间上台阶、后进变面貌"的生动局面。

（四）创新活动载体，落实"七进社区"

"七进社区"（包括文体、科教、法律、卫生、涉台教育、环保、廉政文化进社区）活动，是推进文明社区创建的重要载体，社区思想政治工作的创新方式，社区道德教育的生动实践。相关部门要在社区居民中普及基础文化，引导高雅文化，打造品牌文化，创造出丰富多彩的社区文化形式。各级文化和旅游主管部门和文化馆（站）要组织文艺小分队深入社区进行文艺演出。相关部门通过市民学校、民工学校不定期开展道德教育、法治教育、健康教育和职业技术教育。扎实开展科普示范社区创建活动，完善社区科普画廊、墙报等科普宣传设施，丰富充实科普宣传内容。积极组织法律服务志愿者进社区活动，结合社会热点宣传法律、法规，开办家庭普法课堂，做好人民调解工作。组织医疗卫生专家定期下社区提供巡回服务，在社区集中进行健康教育。鼓励广大居民群众开展两岸民间文化交流、族谱对接、旅游观光等活动。大力倡导绿色文明的生活习惯、消费观念和环境价值观念，推动全民参与节能减排和绿化活动。挖掘、提炼、培育社区廉政文化理念，举办居民喜闻乐见的廉政文化宣传主题活动，注重用廉政文化引导和规范社区居民的廉洁从业行为。

（五）优化队伍建设，提高工作人员素质

人力资源是第一资源，是社区最宝贵的资源，人力资源对文明社区创建和发展起决定性作用。要积极拓宽社区工作人员来源渠道，采取民主选举、公开招聘、竞争上岗、人才引进等办法，对从事社区工作的人员进行严格挑选和培训，用科学合理的选人、用人机制建立一支懂业务、会管理、具备专业素养的工作者队伍，使他们成为社区建设的主心骨。在社区内形成"横向到边、纵向到底"的工作网络，通过基层干部的力量，带动一批骨干、群众参与。充分发挥共建作用和文化优势，如引导辖区内大专院校、企业、文化名人、大学生等加入文明社区创建中，既解决社区工作者队伍建设问题，也能提高整个社区建设工作的层次和影响力，同时使社区工作者的队伍更加年轻化、知识化、专业化。

（六）强化投入保障，健全长效机制

文明社区创建是一项长期工作，需要稳定完善的投入保障机制作支撑。各级党委、政府要根据创建文明社区的总体目标和阶段性任务，统筹安排各项创建经费，将社区精神文明建设经费纳入各级财政预算，专款专用，并逐年增加。制定和完善相应的政策，建立多元化的精神文明建设筹资机制，动员社会各界为创建文明社区提供资金和物资支持，并依托社区设立专项基金。建立创建文明社区奖惩机制，对在创建文明社区工作中作出贡献的单位和个人，给予物质奖励和精神奖励。共建是创建文明社区的力量之源，要广泛联合社区内政府、企业、学校等单位，开展区警共建、区校共建、区企共建等不同形式的共建活动，联手共建文明社区，实现资源共用、事务共办、文明共建、成果共享的良好局面。

第八章

社区信息化建设

什么是社区信息化？社区信息化就是利用信息技术建设一个有社区居民和社区组织参与的、联通社会服务的基础公共平台，以实现邻里沟通、社区对话、协商解决公共事务、共同规划社区发展；通过有组织的公众参与和公众监督，促使公共决策更趋合理，促使公共服务和商业服务更加人性化、便利、实用、安全，不断提高居民生活质量，增强社会凝聚力。

第一节　社区信息化概述

一、社区信息化意义与目标

（一）社区信息化概念

2012 年 12 月，国家公布了《国家智慧城市试点暂行管理办法》和《国家智慧城市（区、镇）试点指标体系（试行）》两个文件，自上而下助力智慧城市、智慧社区加速发展。

社区信息化正是充分运用信息科技手段，在城镇和农村地区，以做好社区治理和社区服务为主要目标和基本内容，建立一个有社区居民和社区组织参与的、联通社会服务的基础公共平台，以实现邻里沟通、社区对话、协商解决公共事务、共同规划社区发展；通过有组织的公共参与和公众监督，促使公共决策更趋合理，促使公共服务和商业服务更人性化、便利、实用、安全，不断提高居民生活质量，增强社会凝聚力。

（二）社区信息化的意义

1. 社区信息化是国民经济信息化的重要组成部分

国民经济是由生产、消费、交换和分配多个领域构成的有机整体。社区信息化在生产者、服务者和消费者之间架设重要的信息桥梁。通过这座桥梁，企业可以找到地域性公众消费群体，提供针对性的商品和服务。居民可以找到满足自己需要的商品和服务，而且可监督可评价，提高了商业服务的公共安全性。与居民个人紧密联系的社区信息化可以推动落地的个性化服务和随需应变的公共服务。

除此之外，社区信息化还对国家宏观调控发挥积极作用，它可以反映收入分配、就业、住房、人口流动、价格变化和税收负担等方面的社情民意。国家社会保障制度的实施更是依赖社区信息化的支持，比如低保、廉租房、经济适用房、特殊群体的扶助和救济，都离不开社区对居民相关个人信息的收集和认证。可以说，我国信息化对维护市场秩序、建立社会征信系统，具有不言而喻的重要性。

2. 社区信息化是国家信息化工作的检验尺度

社区信息化服务的范围界定在社区居民、驻区单位和社区自治组织等地域性行动主体。作为联结社区居民诉求、驻区单位需求的基层组织——社区，在国家信息化中无疑起着重要的桥梁和纽带作用。正是社区的中介特性，促进电子政务、社区服务系统、电子商务系统愿意与社区信息系统对接，以达到各系统服务居民和组织的目的。因此，社区信息系统也就具有评价各系统方便居民、服务社区实际效果的能力，成为以小见大、以微知著，反映国家信息化工作成效的检验尺度。

3. 社区信息化建设是社会建设的有益探索

社区信息化建设是一项在信息化引领下的合作共赢、资源共享、惠及民生、创新管理的有益探索，对政府、居委会和居民都将产生巨大的影响。

社区信息化与社会建设的关系最紧密，社区信息化关注与居民个人相关的公共服务，包括治安综治、医疗卫生、社会保障、社会环境、民政事务、劳动就业、文化教育、体育运动、住房保障和法律援助等，以方便居民生活，体现社会公平，消除社区服务领域里的资源分配不公。同时通过重视基层民主建设，推动居民参与政府决策，促进科学决策，消除矛盾冲突，和谐社会关系。

4. 社区信息化是社会信息开发利用的基础

社区信息化可以依托社区组织，整合各部门资源，并对人口、组织、场所等信息进行对象化关联处理，通过对这些资源的梳理、向上传递和实时通报，实现对社会的扁平化管理。

社区信息化可以优化办公流程，为社区居委会减负，通过对各种渠道采集的信息进行流程化处理和信息联动，实现诉求信息的识别分类，减少重复劳动，消除"信息孤岛"现象，共享日常工作和事件处理的数据。

基于服务居民、驻社区单位和社区自治组织的目的，社区信息化会推动公共信息资源充分地开发利用，使数据采集与应用有效结合起来，逐步实现全社会的信息共享。

（三）社区信息化目标

1. 基本原则

社区信息化建设的基本原则：整合资源丰富的社会服务和便捷的社会管理，提供个性化的电子商务环境，搭建共享、开放的接入平台，为居民营造和谐互助的环境。

2. 社区信息化建设的愿景目标

社区信息化建设的愿景目标：联通个人、家庭、社区与社会，实现信息共享，建立交流互动、提供随需服务的社区公共平台。这个公共平台是基层社会建设的基础平台，也是未来城市管理的基础平台，实现信息化支撑下的居家养老、邻里沟通、医疗卫生和社区商业等社区智慧生活。

（1）实现居家养老信息化。信息化支撑下的社区居家养老，是指以信息技术为支撑，整合社区资源和专业化的社会资源，为居家老年人提供专业化、社会化、个性化的养老服务。信息化支撑下的社区居家养老模式的一个显著特点是，它将信息化手段融入养老服务，构建养老服务信息化平台、疏通养老供需信息渠道、整合各种养老服务资源，促进服务的联通联动，使全体老年人可以共享信息社会的成果。

（2）实现邻里沟通信息化。邻里沟通信息化要求我们基于邻里沟通需要成立社区或小区论坛。针对居民方面，先重点开展与其自身利益最相关的求助与互助、二手交易、信息交流，再进一步上升至情感交流。社区工作者方面则要搭建有效的社区对话渠道。凡是小区论坛持续一定时间，居民和社区组织参与度很高，论坛很活跃且形成多方对话共同解决问题的小区，邻里之间情感的沟通就会形成，小区社会生活就会呈现独有的文化特色，不仅充满人文关怀，提高人的文化素养，而且培养社区居民之间的关爱和情感联络。

（3）实现医疗卫生信息化。目前，我国日益增长的多样化社区卫生服务需求要求我国社区卫生服务系统有效利用一切可利用的资源。我们可以借鉴网格治理思路，探索和发展信息联通、服务联动的新型社区卫生服务，合理配置卫生资源，建设和发展能够满足人民群众日益增长的多样化医疗卫生服务需求的社区卫生服务系统，解决人民群众"看病难"的问题，最终实现"小病不出社区，大病才上医院""人人享受方便、经济、高质量的社区卫生服务"。

（4）实现社区商业信息化。社区商业的信息化建设作为社区信息化的重要部分，受到了相当程度的重视，特别是在居住区（小区）进行规划和建设之时。社区商业中的"社区"更多地包含了社会层面的因素。一方面，社区商业既是提供日常生活需要的商品和服务的属地型商业，也是一种承载社区公共生活的空间，可以看作一种当代生活语境下的城市生活形态；另一方面，完善和优质的社区商业能够提高社区居民的生活幸福感，促进社区邻里关系，加强居民对社区的认同感和归属感，有力地保障社区的持久和谐。

二、社区信息化建设情况

（一）存在的问题

在中央和各地政府的支持和推动下，基层信息化建设取得了较大进步，推动了社会管理服务模式的创新，提升了公共服务水平；但由于基层分布广，且各具特色，仍然存在以下问题。

1. 地方统筹规划不足

面向社区服务的各相关管理部门存在条块分割、封闭运行的问题，虽然各部门陆续出台了社区信息化相关的规范制度，但大多是从各自业务出发，缺乏整体性和统筹性。

2. 社区信息化建设水平不均衡

由于资金、人力及能力等方面的差距，城市和农村、东部和中西部、城市核心区及郊区的社区信息化建设还存在较大差距。

3. 重复建设现象严重

由于前期各地社区信息化建设以试点推进为主，建设内容不尽相同、追求个性化特色，因此，社区信息化建设标准化不足，难免造成重复建设问题。

4. 信息资源难以共享

基层对社区数据采集、结果分析以及系统维护等方面的应用机制要求不到位，总体规划不够，多业务口重复采集现象仍然严重，各业务信息系统在社区难以做到互联互通、信息共享和业务协同。

（二）社区信息化建设主要内容

社区信息化的管理和服务内容主要包括：居民管理、社区安全、网格化管理、智慧城市社区建设、信息惠民工程、便民服务和党员管理等。社区信息化的主要功能包括：事务管理和应用、社区服务应用、信息安全管理、综合技术应用、社区治理信息库、社区服务信息库、社区事务信息库及社区综合信息库等。

由以上可以看出，社区信息化建设作为一种基于互联网的开放的系统，要建立并保障这个复杂系统的持续健康发展，必须将科学的方法论贯穿于整个系统的建设和运营服务的各个环节，既要重视顶层设计中的共性基础性的设计，又要把握复杂系统的演化规律。

1. 建设标准规范体系

在不断总结各地社区信息化建设经验教训的基础上，我们研究制定适合本地区社区信息化的标准规范体系。学习借鉴国内外经验和现有标准，充分结合实际应用，在总体框架、技术规范、数据标准、管理机制及服务事项等方面开展调查研究，形成一系列标准规范。

社区信息化标准可分为五类，分别是总体类、技术类、安全类、管理类和服务类。目前的标准大多集中在总体类和技术类，安全类、管理类和服务类标准基本处于空缺状态，也将是后续标准研究工作的重点。各地社区通过标准体系的建立，在信息化建设、平台运维、资源采集、成效评估及信息安全等方面，可有效提供标准化的指导和服务工作[①]。另外，为进一步优化、细化平台使用操作流程，提高社区信息化使用效益，各地社区可邀请第三方开展评估工作，促进社区信息化标准规范建设。

2. 建设信息资源体系

在规范社区公共服务和特色服务的基础上，建设基层为民服务基础信息资源数据库。探索打通社区信息数据采集、传输、存储、利用和安全管理机制，逐步实现不同信息系统间的信息共享和互联互通，形成统一的信息资源体系，主要包括以下3个方面。

（1）元数据资源。提供对数据追踪与描述手段的支持，是信息共享的基础。为管理精细化和数据开发利用提供基础支持。

（2）数据资源。通过积累各式各样的数据，将统一标准的数据保存下来，以信息资源的形式进行管理。按照业务应用，数据资源包括党员管理、劳动就业及社区安全等。

（3）服务资源。基于数据资源可为用户提供信息服务的集合，展现数据资源体系的价值，有针对性地为各类用户提供信息服务。

3. 建设社区综合信息支撑平台

社区信息化支撑平台建设是社区信息化建设的实现方式，充分利用现有政务网络、互联网、软硬件和机房场地等资源，应用大数据、云计算等信息技术，部署规范统一的社区公共服务综合信息平台。市、县、街道和城乡社区可采用虚拟技术统一应用平台，以信息化手段推进基本公共服务事项办理

---

① 任建忠. 社区工作理论与实务 [M]. 太原：山西经济出版社，2013.

的全覆盖、零距离、便捷化。强化资源整合，按照应用效果，分阶段将社区居民的公共服务事项纳入综合信息平台。

以"互联网＋社区"为建设理念，公共服务综合信息平台是社区信息化建设落地的载体，可统一打造各地区的社区云服务平台，避免重复建设，节约资源。在建设过程中，需严格按照社区信息化标准化体系，保障数据资源开放，服务业务接入开放。树立准确的服务运营理念，符合互联网思维，使创建设计与服务进化共同推进，与社区居民协同创新，共同发展。

4. 开展服务模式创新应用

充分利用互联网尤其是移动互联网，建设和完善为民服务网上社区，以平台上移、服务下延的方式创新社区服务运营模式。综合采用窗口、互联网和移动终端等多种服务形式，实现网上社区和网下社区建设与管理同步，实现社区O2O新模式，社区信息化管理创新发展，优质、高效、便捷地推进社区服务管理提升，进而实现社区公共服务均等化。

在信息化推进过程中，拓展服务领域，针对老年人、未成年人、残疾人、困难群体的身体特点，创新开发特色功能，便于特殊人群享受便捷的公共服务。加强移动互联网服务终端建设，积极推动电子政务与互联网在线深度融合、线上办事与线下办事高度结合，多渠道推动基本公共服务均等化。在终端系统的开发中加入信息推送功能，主动及时提供各类服务信息，为社区居民提供更加优质的综合服务。

（三）成效分析

社区信息化工作的大力推进，真正实现了不同部门间信息共享，降低了管理成本，增强了运行效能，推动向服务型社区转型；同时，减轻人员工作负担，改善人员工作条件，综合提升社区治理服务能力。

1. 以服务为导向，群众办事更便捷

随着以基层社会治理和公共服务需求为导向的公共服务综合信息平台的实施和推广，社区居民体验到更便捷的"一门式"公共服务。与社区居民切身利益密切相关的基本公共服务项目逐步覆盖全体社区居民，真正实现了公共服务均等化。

2. 后台协同增效，优化审批流程

通过公共服务资源的合理安排和调配、平均当场办结时间和总体办结时间的有效减少，电子材料流转和跨部门交接等方面的效能都得到了显著提升。同时，拓宽公众参与监督的途径和渠道，加强了对公权力行使的监督。

3. 畅通政社互动渠道，优化社区治理方式

社会信息化平台有助于加强社区与居民之间的沟通。基层管理者能够真实、动态、全面地了解办事居民的信息，同时也让居民更好地了解社区提供的服务。这种双向的信息交换，使居民与基层社区之间的关系由过去的求助式帮忙转变为互动式共建，实现了政社互动的双赢。

4. 治理得到提升，为科学决策提供支撑

社区信息化平台通过对居民办事过程中留下的资料进行加工分析，使信息转变为数据，形成实时、真实的信息资源，为公共服务提供针对性的、精确的、专业化的大数据支撑。特别是针对社会救助领域，如住房保障、养老服务和残疾人救助等方面，可提供综合参考依据。

第二节　社区信息化平台功能

一、通用办公功能

（一）社区办公

1. 工作流

社区办公自动化的核心应用是公文审批流转处理、会议管理等。工作流自动化的目标是协调组成工作流的四大元素，即人员、资源、事件、状态，推动工作流的发生、发展、完成，实现全过程监控。其主要包括以下功能。

（1）代办事务。各账号登录进来只能看到自己权限范围内的代办事务，并对代办事务进行处理。

（2）公文审批流转。可实现上下级公文的审批流转，可向下发起审核办理，也可向上退回审批文件。

（3）会议通知。可实现上下级及各部门间的会议通知，并且人员可对是否参加会议进行回复。

（4）政务公开。可实现上下级及各部门间政务党务公开。

（5）任务下达。可实现上下级任务传达，并且下级可通过"社区办公自动化"反馈任务进度或提交任务成果。

（6）需求申请。下级如果有需求申请可通过"社区办公自动化"向对应部门申请。

（7）数据统计。可统计"社区办公自动化"系统中各业务的处理量及处理完成数。

（8）组织结构管理。管理整个参与社区办公自动化的部门及人员的组织关系。

（9）事务流程配置。可配置各事务流的人员流转关系。

2. 信息发布

社区因管理需要，需向社区居民发布相关活动通知、社区公告等，以便更好地服务居民。通过社区信息化平台，社区工作者即可改变以往的通知方式，更有效地将信息传达到位。其主要包括以下功能。

（1）公告管理。提供公告发布功能，可选择发布到哪些站点或哪一栏目。

（2）新闻资讯。提供新闻资讯的发布功能，可指定发布到哪些站点。

（3）社区资讯。社区内部的资讯发布，通过调用公共应用的"新闻资讯"功能实现。

（4）社区投票。社区居民相关的事项由社区管理者发起投票，居民可在线进行投票，通过调用公共应用的"投票管理"功能实现。

（5）社区活动。在社区范围内发起的群体性活动，对活动的内容、时间进行在线发布和管理，通过调用公共应用的"活动管理"功能实现。

（6）LCD 内容发布。通过平台把信息发布到 LCD 大屏上，实现方式包括两种：一种是提供 LCD 大屏接口，把信息直接传送到 LCD 大屏上；另一种是通过平台把信息发送到 LCD 大屏管理人员手机上，由管理人员把信息输入

LCD 管理平台中。

3. 信息查找

快速查找功能的开发，通过地图、搜索、导航等功能，便于社区的网格化管理，将责任到人、管理到位落到实处。

（1）地图。基于谷歌地图提供的 API 进行二次开发，提供社区、小区等地图服务。

（2）搜索。搜索包括社区搜索、商家搜索。社区搜索是按社区名称、名称简拼等条件搜索社区；商家搜索是按商家名称、名称简拼等条件搜索平台内注册的所有商家。

（3）导航。导航提供平台所有站点的导航功能，用户点击导航时，按地市、区县、街道、社区等显示所有站点的名称及链接。

（二）通信服务

1. 通信服务

通信服务是指利用中国电信现有资源，实现信息化手段，统筹管理社区事务，使居民服务更加人性化。

（1）短信群发。通过网络，将社区的通知与信息以短信的形式发送到社区居民的手机上。实现号码的汇集，统一将信息推送出去，并通过发送记录、回复记录来跟踪查阅短信推送情况和反馈情况。支持批量或个性化短信内容的维护和使用。

（2）语音推送。把被推送的文本内容通过语音合成技术，转换为语音，通过电话系统将语音信息传递到用户的电话设备上，从而完成推送的过程；支持多语言语音自动合成转化和人工录音转化技术。

（3）社区总机。提供社区总机号码的录入和维护管理。

（4）微信。小小网格"微信群"发挥社区治理大作用。

2. 移动应用

移动应用是提供给社区管理人员、居民等的各类手机应用，包括手机留言、移动全球眼、求职服务等。

（1）手机留言。用户可通过手机进行在线留言，留言信息会实时发布到系统平台上。

（2）移动全球眼。社区管理人员可以通过手机实时查看社区内全球眼视频监控信息。

（3）求职服务。用户可通过手机查阅招聘信息或个人求职信息。

（4）互动交流手机版。用户可以通过手机实时查阅、回复互动交流模块的相关信息。

3. 民政沟通

民政沟通功能是居民与政府沟通的桥梁，居民可以将政务咨询、监督投诉、意见反馈、寻求帮助等信息发布到社区，再由社区转给对应的政府部门或辖区共建单位进行处理。民政沟通功能包括：信息发布、事件处理状态查看、事件流转、建议投票、投票排行。

（1）信息发布。居民可将政务咨询、监督投诉、建议反馈、寻求帮助信息发布到居委会。

（2）事件处理状态查看。居民可查看自己发布信息的处理状态及流转单位。

（3）事件流转。居民将请求提交给居委会后，居委会还可将事务流转给上级政府机构及辖区共建单位。

（4）建议投票。居民可对邻里提出的社区建议进行投票。

（5）投票排行。居民可查看建议的投票排行。

（三）监督管理

1. 居民数据分析

居民信息采集情况统计报表是按照各种维度组合，了解管理范围内的居民信息采集情况，及时掌握各社区居民信息采集质量情况，并公布排行榜，为后续居民信息采集工作提供评估依据。

（1）从人口总数情况、居民数据完整度、采集率情况分析数据健康情况。

（2）通过人口基本信息，可以及时掌握区、街道和社区中常住人口、老年人、妇女、儿童、低保和党员人数。

（3）通过基础数据评价，可以动态了解人员总数、民政信息、党建信息、重点人群、重点单位、重点场所和居民基础信息人员数据完整度情况。

2. 绩效考评分析

（1）通过待办事项统一入口，可以迅速了解、浏览、处理待办事项，从而提高工作效率。

（2）通过事务处理评价，及时了解管辖范围内事务处理情况（包括超时、未超时、已处理和未处理情况），也可以浏览同一级别组织的事务处理效率排行榜，同时快速方便地从各个专业角度了解事务情况。

（3）事务处理统计报表可以通过各种维度组合，了解各级事务处理情况、延期情况，及时掌握涉及较大范围人民群众切身利益事务，并提供排行榜，可对研判分析各类事件的萌芽起到很好的预防及指导作用。

（4）分析维度。时间维度、地域维度、事件类型维度、事件分级维度。

（5）分析指标。工单量、完成率、及时率。

3. 系统安全分析

系统在对收集的事件进行详尽分析及统计的基础上支持丰富的报表，实现分析结果的可视化，帮助管理员对网络事件进行深度挖掘分析。系统提供了多种报表模板，以支持管理员从不同方面对网络事件进行可视化分析。同时，报表支持表格及多种图形表现形式（柱状图、饼图、曲线图），输出支持Excel、PDF以及Word格式。

4. 日常运营分析

通过日常运营分析，系统了解各个网站群运营情况、网站文章、流量情况、网站注册情况、平台用户使用情况。其主要包括以下几个功能。

（1）通过网站群运营管理统计报表，系统从各个维度了解网站群的网站文章情况、网站流量情况、网站用户情况、平台使用情况，及时掌握网站群运营情况，其提供了同项同级对比分析、同一级别的组织之间的各项统计对比分析，为后续制定运营改善措施提供科学合理的手段。

（2）通过网站文章情况，系统可以了解各社区发表的各栏目的各种审核状态（包括未审核、待审核、审核通过）的文章情况、公共内容、用户评论（包括屏蔽评论）、广告位等。

（3）通过网站流量情况，系统可以动态了解各社区的 PV 数、UV 数、独立 IP 数、网站转化率（注册转换率）、回访者比值、人均访问次数、跳出率、回弹率；也可以了解各具体栏目的点击数、网站广告点击情况；还可以了解各社区每个栏目、文章标题、内容类型、发布者、发布时间和文章点击情况，通过点击数也可以直接链接具体文章。

（4）通过网站用户情况，系统可以及时了解各社区注册数、登录数、注册并登录数、同时在线用户数、转换率等；通过注册数可以链接每个具体用户的名称、具体注册时间、是否登录和最后登录时间等具体信息，同时通过注册并登录数可以链接每个具体用户的名称、登录时间、具体 IP 地址等。

（5）通过平台使用情况，系统可以掌握各社区用户数、登录次数、应导数据、已导数据、导入率等；通过用户数可以链接每个具体用户的名称、具体注册时间、是否登录和最后登录时间等具体信息；同时通过登录次数可以链接每个具体用户的名称、登录时间、具体 IP 地址等。也可以了解每个平台每个模块名称、模块点击次数、后台在线用户数等。

系统实现从产品维度（包括短信、全球眼和企业总机等）、功能模块维度（包括人口模块、家庭模块等）的统计分析功能。系统通过对系统图标点击率的元数据收集及分析，掌握各平台用户的关注点，从而获得用户对某项功能模块的关注程度，以帮助运营人员、决策分析人员等发现一段时期内特定功能模块的受关注程度，达到统计分析思维、分析模板共享、分析工作知识积累的目的。

二、专业办公功能

（一）功能概述

1. 居民管理

提供社区所有居民的基础信息的录入、维护、查询统计等功能。

2. 民政管理

民政管理包括老年人管理、低保户管理和残疾人管理。老年人管理提供社区 60 岁及以上人群的基础资料（包括姓名、性别、养老金情况等）的录入和维护；低保户管理提供符合低保条件人群的基础信息的录入和维护；残疾人管理提供符合残疾条件人群的基础信息的录入和维护。

3. 劳动保障

劳动保障管理包括灵活就业管理、退休管理、失业管理和再就业管理。灵活就业管理提供社区非全日制、临时性和弹性工作等灵活形式就业人群的基础资料（包括姓名、性别、就业单位情况等）的录入和维护；退休管理提供符合法定退休年龄人群的基础信息的录入和维护；失业管理提供符合使用场景条件人群的基础信息的录入和维护；再就业管理提供再次有职业有工作人群的基础信息的录入和维护。

4. 党建管理

党建管理包括党建管理和非公党建管理。党建管理提供社区内党建信息的录入和维护；非公党建管理提供社区内非公党建信息的录入和维护。

5. 社区服务

社区服务包括社区志愿者、志愿者服务管理、志愿者技能管理、服务日志管理。社区志愿者提供社区志愿者队伍人员信息维护、查询、语音推送、短信群发等；志愿者服务管理对社区志愿者需要服务的对象进行分类管理；志愿者技能管理对社区志愿者队伍人员技能明细情况进行管理；服务日志管理对社区志愿者队伍人员服务的明细情况进行日志记录。

6. 文教管理

文教管理包括学前管理和九年义务教育管理。学前管理提供尚未达到入学年龄的儿童的基础信息的录入和维护；九年义务教育管理提供 6 岁及以上儿童的基础信息的录入和维护。

7. 平安社区

面向社区管理者提供社区安全管理功能，包括全球眼监控、全球眼监控配置、联防信息管理、联防接警管理、翼机通考勤记录、翼机通巡更记录和翼机通门禁记录等，通过调用公共应用的"平安联防"功能来实现。

8. 医疗保障

提供在线医疗政策法规、公告、医疗费用报销指南，参保、转保、退保办理指南，医保药品等在线查询和阅读；后期考虑医保余额的在线查询功能，由电信协调医保余额查询、医保药品查询的接口。

（二）功能提升拓展

作为具备开放能力的云平台，社区信息化平台也将借助政府资源、公众基础数据、社会专业服务不断补充、丰富平台的产品内容，为平台解决更多公共信息化需求提供可能。

三、便民服务功能

便民服务是面向居民提供免费的便民信息和便民应用，包括办事大厅、通知公告、劳动就业、生活百科、网站导航、社区交友、社区论坛、周边商家、便民通讯录、便民工具等。

（一）办事指南类

1. 办事大厅

办事大厅包括办事流程、办事公告、办事咨询和法律服务等。办事流程是实现政府对公众提供办事流程的公布，为公众提供场景式的办事流程展示；办事公告是实现政府部门如民政等为公众办事的结果在线公布；办事咨询是通过在线问答的形式实现办事咨询的功能；法律服务是实现政策法规的在线发布和查阅功能。

2. 通知公告

提供居民在线查阅社区或小区发布的通知公告功能，通过调用公共应用的"公告管理"功能实现。

3. 劳动就业

劳动就业包括企业招聘和人才中心两个功能。企业招聘提供企业招聘信息的发布和查询功能；人才中心提供求职人员的求职信息的发布和查询功能。

（二）生活助手类

1. 社区论坛

提供面向同一社区居民的在线论坛功能；通过调用公共应用的"论坛"功能实现。

2. 周边商家

提供社区内或小区周边 500 米范围内的商家（如美容美发、休闲健身、医疗健康、超市商店等）查询功能。

3. 便民通讯录

提供银行客服、维修、收购站、医院、快递、火车站、美容美发等相关联系电话的查询功能，通过调用公共应用的"通讯录"功能实现。

4. 便民工具

提供万年历、邮箱、公交、电话、话费、财经、电视、彩票、网速、节日、区号、天气、快递、邮编等相关信息或信息的链接服务。

第三节　社区信息化典型应用

一、保障房申请与电子化监管

保障性住房建设涉及面广、公益性强、社会影响力大。随着近年保障房建设急剧提速，其中暴露出诸多问题，不少地方在保障房申请、审批、质量、分配等环节面临监管考验。保障房申请与电子化监管的实施，一方面，方便广大社区居民了解保障房建设的相关信息，同时可以帮助其根据自身需求通过社区信息化平台进行保障房申请；另一方面，社区工作者通过管理平台加强对保障性住房的监督管理，将社区保障房平面图和户型图嵌入社区平台，通过保障房展示能够看到各户的居住情况，包括房屋状态、是否属于异常监管对象等。

二、居家养老

（一）应用介绍

1. 社区信息化突破居家养老难题，构建"没有围墙的养老院"

居家养老信息化是利用信息化手段开展社区的居家养老特色应用，打造"没有围墙的养老院"。民政部门与中国电信、老龄办等合作，建立了金太阳老年综合服务中心，开发了居家养老信息化平台，开通了24小时应急救助服务热线968885，为80岁及以上老年人免费赠送了老人关爱手机，安装了家庭全球眼，进驻社区居家养老服务站，就近提供应急救助、生活照料、家政服务、医疗保健、精神慰藉、文化娱乐、法律援助、志愿服务等居家养老无偿、低偿、有偿相结合的服务。

比如，一位独居老人因病在家需要上门看病服务，他只需拨打968885，或按手机的SOS键，就可以接通老年服务中心，平台可自动锁定老人所在位置，接通全球眼判断老人情况，然后通知社区医生上门，并且通报家属。

2. 丰富的居家养老信息化服务解除老年人子女后顾之忧

档案管理：为辖区内的老年人群及服务机构建立准确翔实的数据库及服务档案，实现老年人群的基础信息的录入和维护，提供老年数据筛选。

综合管理：面向社区老年人提供的综合管理功能，定期筛选社区老年人服务，制订服务计划；安排管理助老服务，包括定期组织助老活动、服务跟踪、服务记录管理。

居家养老：以老年人档案数据、呼叫中心及紧急呼叫终端为基础，提供生活帮助、紧急救援、社区关怀、健康监护等服务。

定位跟踪：与老年手机相结合，引入老年手机GPS定位跟踪信息，提供位置信息，家属可以通过平台跟踪了解老年人的位置。

机构服务：通过整合社会资源，与社区周边服务机构建立联系，提供生活照料、医疗保健、家政便民、法律咨询、娱乐学习、日常陪护、饮食服务等服务项目，引入专业化的服务团队，实现居家养老专业化发展。提供机构、服务内容录入与维护、服务预约、服务调度、服务管理、服务日志。

（二）成功案例

福州市鼓楼区鼓东街道庆城社区是居家养老信息化建设典型社区，社区内建有居家养老服务站，可为老人提供休闲活动、日间照料及午餐服务。为让老人家属放心，社区为老人配备了老人定位手机，可实现定位查询、脱离安全地带立即提醒、SOS 一键呼叫等功能。居家养老服务站内安装有全球眼摄像头，家属和社区工作人员可实时查看老人活动画面。此外，社区内还提供有 ITV 互动电视和数字图书馆，丰富了老年人的文化生活。

三、一刻钟便民生活圈

"一刻钟便民生活圈"是指以社区周边商家为中心，通过整合社区各类资源使得社区居民在步行 15 分钟内便可享受到购物、餐饮、日常修理、金融服务、文体娱乐、医疗卫生等基本生活服务的商圈。

"一刻钟便民生活圈"的信息化的作用在于：一方面，社区居民可以通过信息网络发布日常服务信息；另一方面，企业可以通过信息化的媒体展现其产品和服务特色，定期提供优惠。更重要的是，信息网络还扮演了重要的评论员角色，对商家所提供的产品和服务予以点评，形成一定的舆论环境，即所谓"口碑"，这正是社区商业企业赖以生存的关键。

"一刻钟便民生活圈"在系统建设过程中充分考虑并整合了中国电信现有的电子商务资源，其中社区商户的实体商户数据可以通过中国电信号百商户数据导入、商户线上注册等方式进行采集，资金则可以通过第三方支付平台实现即时支付，通过翼支付、支付宝、拉卡拉等金融支付终端进行操作，并提供一定的安全保障。

四、福乐家园

（一）应用介绍

"福乐家园"是利用下一代互联网和 5G 无线网络与手机间特有的移动定位技术，结合电子地图，准确快捷地查看手机持有者地理位置的"关爱随行"的定位手机业务，以防止孤寡老人、残疾人、留守儿童在社区开放场所走失的情况出现。

（二）成功案例

福州市鼓楼区南街街道杨桥河南社区内建有"福乐家园"，专门针对智障儿童提供免费照料服务。社区为学员免费配备了儿童定位手机，可实现定位查询、脱离安全地带立即提醒、SOS 一键呼叫等功能，让学员家长放心。此外，"福乐家园"内外安装有两路全球眼摄像头，家长和"福乐家园"教师可实时查看学员活动画面。为丰富学员的文化生活，"福乐家园"内安装了 ITV 互动电视，可供学员观看电视剧以及动漫等少儿节目。

第九章

社区工作者队伍建设与能力提升

社区工作者能力和素质的高低直接关系社区发展和基层治理水平的高低。当今世界正处在深刻而复杂的变动中，在新的历史条件下，各级社区工作者肩负的责任更加重大，面临的情况日益复杂，仅有出色的组织领导才能和驾驭复杂局面的能力是不够的，还要有较好的素质修养。社区工作者素质修养，直接影响社区的发展和社会进步①。因此，新形势下如何建设一支高素质的社区工作者队伍是目前面临的重大课题。在新的挑战面前，社区工作者只有不断地学习与实践，努力提高自身综合素质，加强个人修养，才能满足时代发展的需求。

第一节　社区工作者队伍的构成和特点

一、社区工作者的概念

2024 年，中共中央办公厅、国务院办公厅印发《关于加强社区工作者队伍建设的意见》，其指出社区工作者是在社区从事党建、治理、服务工作的全日制专职工作人员，主要包括社区党组织成员、社区居民委员会成员中的专职人员（以下简称社区"两委"专职成员）和社区专职工作人员。社区"两委"专职成员按照有关规定产生。

---

① 黄建. 社区治理［M］. 成都：电子科技大学出版社，2019.

二、社区工作者的构成和特点

(一) 社区党组织成员

社区党组织成员通常包括社区党委书记、副书记、党委委员,居委会主任、副主任以及居委会委员等。这些成员负责主持和参与社区的各项工作,包括但不限于党建、纪检、工会、团委、环境卫生、消防安全、疫情防控、劳动保障、统计、民政残联、政务下沉等。社区党组织成员的职责涵盖了社区治理的各个方面,从政策执行到居民服务,确保社区的正常运行和居民的福祉。

此外,社区党组织成员还可能参与社区党组织会议,讨论和决定社区的重要事务。他们通过组织各种活动和会议,加强与居民的联系,提升社区的服务质量和居民满意度。在某些情况下,社区党组织成员还可能参与社区治理的新模式探索,如组建智囊团或人才库,以加强社区的治理能力和激发居民的参与热情。总的来说,社区党组织成员是社区治理的核心力量,他们通过各自的职责和专业能力,为社区居民提供服务,促进社区的和谐发展。

(二) 居 (村) 民委员会成员

《中华人民共和国城市居民委员会组织法》第七条规定:居民委员会由主任、副主任和委员共五至九人组成。第八条规定:居民委员会主任、副主任和委员,由本居住区全体有选举权的居民或者由每户派代表选举产生。《中华人民共和国村民委员会组织法》第六条规定:村民委员会由主任、副主任和委员共三至七人组成。第十一条规定:村民委员会主任、副主任和委员,由村民直接选举产生。这表明,居 (村) 民委员会成员具有以下几个特征。

第一,居 (村) 民委员会成员是经民主选举产生的。村民委员会成员由村民直接选举产生,居民委员会成员一般由居民代表选举产生,很多地方也在积极探索,不断扩大直接选举。随着民主选举制度的不断完善,许多优秀的下岗职工、大学毕业生、青年退役军人参加竞选，居（村）民委员会成员的结构不断完善，居（村）民委员会成员的素质不断提高。

第二，有严格的属地性，一般是本社区的居民和村民。

第三，人数有限制，村委会由 3~7 人组成，居委会由 5~9 人组成。

第四，一般领取政府补贴。许多地区都很重视提高居（村）民委员会成员的待遇，使其收入达到当地职工收入的平均水平，并使其享受养老保险、医疗保险等社会保险待遇。

第五，以人为本、为民服务。以人为本是社区工作的核心，也是居（村）民委员会成员的突出特点。

居（村）民委员会成员以社区事业和社区居民为服务对象，从事大量的社区日常事务工作，他们宣传国家的法规和政策，办理居民的公共事务，协助政府做好与居（村）民利益有关的各项工作，居（村）民委员会成员是我国社区工作的主力军。

（三）社区专职工作人员

社区专职工作人员由市地级或县级统一组织招聘，街道（乡镇）集中管理，社区统筹使用。

社区专职工作人员按照社会工作的价值准则办事，是从事职业性社会服务的人员，以专业工作方法参与社会工作。社区工作者就是以社区为工作对象的社会工作专业人员，与居（村）民委员会成员相比，有如下 4 个特点。

第一，以"助人自助"为宗旨。现代意义的社会工作是工业化的产物，具有悠久历史。社区工作者面对求助者不但要提供直接服务式帮助，也要鼓励受助者在可能的情况下自强自立、克服困难，即"助人自助"。"助人自助"在我国表现为全心全意为人民服务，不谋取私利。

第二，掌握一定的社会工作专业方法。社区工作者普遍受过良好的专业教育，能够综合运用社会工作方法开展社区服务，如个案工作、小组工作、社区工作等。

第三，突破属地限制。社区工作者可以在一个社区，也可以在多个社区从事专业服务。专业服务的主要内容有残疾人服务、老年人服务、家庭服务、儿童服务等。

第四，领取受聘工资。社区工作者以社会工作为职业，具有一定职业资格，受聘于某个社区组织或机构。在我国香港地区，社区工作者有很高的职业声望，他们享受与国家公务员相近的薪酬待遇。

社区工作者在我国内地初露头角，是在我国社区建设与发展的新形势下应运而生的一支新兴队伍，从未来我国社区发展的趋势看，这支队伍将成为社区建设与治理的生力军。

三、社区工作者的角色定位

社区工作的对象是社区。通过社区工作，可调整或改善社会关系，减少社会冲突，寻求社会福利需要与社会资源的有效配合，以满足需要、消除问题、改善社区生活、促进社区进步、改善权力与资源的分配。在实际工作中，社区工作者主要扮演如下角色。

第一，领导者的角色。社区工作者引导社区建立其本身的目标，鼓励社区发现问题并采取解决问题的行动。

第二，促成者的角色。鼓励社区讨论问题，促成社区居民组织起来共同工作，以良好的人际关系获得居民的信任，共同达到社区的目标。

第三，专家的角色。进行社区分析与诊断，提供研究方法与资料，将其他社区的资料、经验和社区的评估及工作评价作为本社区制定决策的参考。

第四，社会治疗的角色。了解社区内人与人之间、团体与组织之间的竞争压力以及紧张与冲突的存在，通过社区领导人物来缓和、消除与调和这些冲突。

第五，计划者的角色。分析社区的问题，提出可能的解决途径，作为社区居民的决策参考。

第六，倡导者的角色。社区工作者让社区居民知道自己的需要，并加强对其需要的认识，帮助他们达到目标。

第七，启发催化的角色。社区工作者通过工作计划，引导社区居民自主参与社区活动。

第八，支持鼓励的角色。社区工作者对社区需要帮助的人予以支持和鼓励，让他们积极参与社区的各项活动。

第九，协调联络的角色。社区工作者是政府与社区居民之间的桥梁，起着协调联络的作用。

第十，资源中介的角色。社区工作者通过对社区背景的了解，能够充分利用社区资源为社区居民服务。

四、社区工作者的任务

（一）服务提供

为社区和居民提供社会服务是社区工作者的基本职能，也是社区工作的基本目标。社区工作者既可以以直接的方式提供社会服务，具体包括：为社区居民和家庭提供必要的辅导，帮助他们解决问题，增强其对社会生活的适应能力；为社区的儿童、老年人、残疾人、家庭暴力受害者等提供保护和照顾；为贫困者和陷入困境的人士提供救助、咨询和支持等。与此同时，社区工作者也可以充当中介者，提供间接服务[1]。社区工作者熟悉社区内物资、人际关系等资源分布，了解并熟悉社区资源和其他社会资源的程序与渠道。所以，可以使居民的需要得到满足，更好地解决他们遇到的问题。

（二）政策执行

社区工作者需要处理大量的行政性事务，这里的"行政"是指一种管理活动。在社区工作中，社区工作者承担着贯彻社会政策和机构的工作方案的责任，经常需要以行政者的身份执行政策、制订服务和工作方案。一个发展完善的社区工作机构，其管理上的任务通常十分复杂，并且都是高度技巧性的工作。社区工作者需要知道如何进行成本效益分析、配置资源、发展公共关系等，要知道如何安排会议，以应对工作及服务对象的需要等。总之，要

---

① 马仲良. 社区工作概论 [M]. 北京：中国社会出版社，2013.

做好社区工作，使政策切合实际，社区工作者必须具备专业教育背景和一定的管理技巧，对机构的功能和社会政策的熟悉同样必不可少，如此才能更好地将社会政策转化为社区的服务目标。

（三）居民组织

社区工作者根据工作目标服务社区居民，集中利用资源，有组织地在活动中形成合力，从而更加有效地解决社区问题，满足居民的需要，促进社区发展。在此阶段，社区工作者宣传与鼓励居民，引导他们自行组织，并且与居民确定组织目标，完善组织结构和工作模式，进而高效开展社区发展和建设活动。不论在任何环境和模式下开展社区工作，社区工作者都应是一个合格的"组织者"。

（四）维护权益

社区工作的重要内容包括服务社区居民，维护居民的利益。社区工作者需要尽全力帮助社区居民增强权利意识，使他们在受到机关、团体与个人对其合法权益的损害时能够合理使用法律武器维护自身权益。呼吁政府、社会和有关人士关注社区的利益和需要，必要时可拿起法律武器来维护社区的权益。社区工作者代表并维护社区合法权益，以正当的手段维护社区和社区居民的合法权益。

（五）利益调解

在社区中有众多个人、家庭、群体和组织，不同的个人和群体之间的利益难免会发生冲突，即使目标一致，彼此的行动也可能出现分歧。社区工作者在开展社区公共管理和提供社会服务的过程中，要对个人和群体之间的利益进行协调，解决社区矛盾和利益冲突。社区工作者要本着公平的原则，为矛盾冲突的双方架起沟通的桥梁，帮助双方进行协调，最终确定符合双方利益的解决方案，同时让双方认识到彼此的关系是互相依存、互相促进的，在推动社区与自我发展的前提下解决问题、达成共识，使双方权利都能得到保证。

（六）公众教育

在社区中，社区工作者扮演的大众教育者角色是很重要的。通过开展社区教育，社区工作者可以帮助社区居民学习如何更有效地完成生活中一般性与特殊性任务，帮助社区居民掌握如何正确处理人与人、人与社区、人与社会的关系的方法，预防各类问题的形成与发展，帮助社区居民增加对社会问题的了解。例如，进行艾滋病知识宣传、生态环境保护宣传等，都会达到提高公众健康意识与环保意识的效果。

社区公众教育还能帮助社区居民关注社区的问题，并使他们积极参与问题的讨论与解决，改变人们的态度、价值观和行为规范。在这些公共教育活动中，社区工作者可以发挥其影响力。社区工作者在社区发挥的教育功能是多角度、多方面的，这种教育活动不仅可以服务于社区居民个人，更多的是服务于社区和群体，如开办社区学校、开展法治教育、社区公民道德教育、科普教育、下岗职工再就业培训、青少年社会教育等。

五、社区工作者的工作原则

（一）法治治理原则

通过法治进行社区治理是一种基本手段，也是社区治理的发展趋势和必然要求。由于社区工作涉及社会生活的方方面面，社区工作者和被管理者之间存在一系列的法律关系，因此要做好社区治理，社区工作者必须以法律为准绳，明确有关各方的责、权、利。一方面，社区工作者必须不断提高自身的法律意识和依法管理的能力，在法律赋予的权限内行使自己的管理职能，严格依法管理；另一方面，被管理者懂法守法，自觉规范行为。唯其如此，社区治理的权威性才能充分体现。

（二）专业化管理原则

社区工作者的社区治理是一项综合性工作，它包括社会治安、社会服务、社会环境、社会文化、卫生、教育管理等，行业的覆盖面比较广。许多业务的操作都需要一定的专业知识和职业技能，特别是在现代化城市社区中，在现代化生活条件下，社区居民需要的服务日益复杂，也就使社区治理面临的专业化要求越来越高，可见，专业化管理是社区治理的一大趋势。

（三）渐进创新原则

渐进创新是适应中国国情的原则。由于中国人口众多、幅员辽阔，各社区之间存在很大差异。例如，在计划经济体制下以"单位人"身份形成的老社区和改革开放后以"社会人"身份形成的新社区就具有明显的、不同的时代烙印。加之我国真正意义上的社区治理才刚刚起步，经济发展水平的不平衡以及各地千差万别的地方背景等诸多原因，全国很多地区都尚未形成一种既适应国家大环境又能够与地方背景高度协调的有效社区治理模式。综合考虑我国这些现实情况，社区工作者只能遵循渐进创新原则，充分发挥全体成员的积极性和创造性，创建本土化的管理模式。

（四）系统管理原则

系统管理是指社区工作者在管理过程中，对社区的各个被管理要素进行计划、组织、协调、监督、控制，以期获得最佳的整体效益。根据系统管理原则，一方面，要将社区治理纳入社会大系统中，与社会发展同步进行。社区是社会大系统中的一个子系统，它的发展必须符合社会的整体规划，服从社会发展的整体需要。同时，各种社区问题的解决也必须依靠全社会的力量。另一方面，社区作为一个独立的系统，也是由若干要素组成的，如社区组织、社区教育、社区治安、社区环境、社区卫生等，这些要素相互联系、相互作用。社区工作者需要从社区整体出发，将社区的卫生管理、教育管理、组织建设以及环境建设等专业化管理纳入社区系统发展的总目标，从而进行综合性的统筹管理。

第二节　社区工作者队伍的能力和素质要求

一、社区工作者队伍的能力

（一）需求调查的能力

每个社区都有其独特性，所处的地理位置不一样，其需求也不一样。社区工作者要有针对性地开展社区工作，就需要了解所在社区的基本情况、特点、民情等，最重要的是运用社区参与式观察、社区漫步、社区拜访、社区访谈、社区统计等方法了解社区所面临的各种问题，掌握社区居民有哪些真实的、合理的需求，在服务时才能有的放矢。社区工作者需要对居民需求进行充分调查。进入居民家中进行信息采集，处理居民反映的热点、难点问题是开展社区工作最重要的一个环节，也是了解社情民意的重要途径。具体的步骤和方法如下所述。

一是在到访时清楚介绍自己，让居民了解到访者的身份以及到访意图，取得居民的信任，以保证之后居民对采访的配合。

二是要仔细观察。通过居民的住房装修、个人的言谈装扮等方面初步了解主人的生活经济状况。

三是从屋内的摆件了解主人的兴趣爱好以及特长。

四是可以通过抄录户口簿、结婚证等有效方式获得第一次入户居民的基本信息。

五是在交谈中根据居民的性格气质，发掘话题点展开交流。进一步引导其介绍家庭经济状况，家庭成员及其特长、爱好、身体健康状况等。

六是根据基本信息、住户特点、性格表现及其表现出来的需求愿望，综合判断此户居民属于哪种服务对象，能否成为发展的对象，并对住户需求进行分析总结，判断这些需求是否属于其他小区和居民的共性问题，从而掌握针对居民的有价值的信息以及社情民意。

七是入户到访结束，总结小区居民结构特点，判断小区定位，以及居住人群是以在职居民、贫困居民、老年人等哪类人群为主，从而定位小区能够开展的特色工作活动。

（二）宣传、策划、组织社区活动的能力

宣传党和政府的政策与法规，用社区居民喜闻乐见的活动形式调动社区居民参加社区活动的积极性，增强社区居民的归属感，培养守望相助的社区功能，恢复传统社区的凝聚力，这些都需要社区工作者进行宣传、策划与组织。这就对社区工作人员的宣传、策划、组织社区活动的能力提出了更高要求。在社区工作中，社区管理者应具有活动管理和人员管理能力，并且具备必要的经济分析能力，作计划、决策的能力，协调控制的能力，评估预测的能力，领导下属完成任务的能力等。

（三）与居民沟通的能力

沟通就是人与人之间传递信息、交换思想和交流情感的过程。在沟通中有地位身份障碍、组织结构障碍、个性障碍、文化障碍。沟通是一门极深的无形艺术，与居民沟通会受到很多因素的制约，是一件既简单又困难的事情。驻区单位是社区的一支重要力量，社区工作者要注重与其联系时的态度，要大方、自信、不卑不亢、具有同理心；在与居民沟通时要注重提高自己的语言表达能力，讲究沟通方法和技巧，加强自己的语言沟通能力。

萨提亚、贝曼在《萨提亚家庭治疗模式》一书中提出 5 种典型的沟通模型。

表里一致型沟通（最理想的沟通）：此沟通是建立在高自我价值的基础之上的。具有该模式的人表情流露和言语一致，内心和谐平衡，自我价值感比较强。

讨好型沟通：忽略自己，内在价值感较低。言语中经常流露出"这都是我的错""我想要让你高兴"之类的话。行为上则过度和善，习惯于道歉

和乞怜。

超理性型沟通：沟通时极端客观，只关心事情合不合规定，是否正确，总是逃避与个人或情绪相关的话题。他们告诫自己"人一定要有理智""无论如何，一定保持冷静、沉着，绝不慌乱"。

责备型沟通：沟通时，常常忽略他人，习惯于攻击和批判，将责任推给别人。"都是你的错""你到底怎么搞的"是他们的口头语。

打岔型沟通：沟通时永远抓不着重点，习惯于插嘴和干扰，不直接回答问题或根本文不对题。他们内心焦虑、哀伤，精神状态混乱，没有归属感，不被人关照，还常被人误解。

在实际工作中，我们可能面对几种混合状态下的沟通，这要求社区工作者要学会用良性的沟通方式去回应社区服务对象的需求。

（四）发现并整合社区资源优势的能力

在社区建设进程中，社区最重要的资源是全体居民，党员群体是宝贵的政治资源。

第一，充分调动党员的积极性，通过联合党支部，聚集组织关系属于不同地方但居住在同一小区的党员，开展共同的活动。一方面，这类活动可以激发党员对自身责任的认识，使党员在社区建设进程中发挥模范带头作用；另一方面，这类活动可以巩固党员在居民心目中的形象，奠定党员的领导核心地位。

第二，充分调动居民的积极性，根据居民群体的特点，结合公共利益与需求来调动居民参与社会事务的积极性。比如，可以在社区举办满足居民文化需要的文艺活动，联合维护居民公共利益的业主委员会，将党员、居民都动员起来，提供奉献爱心的平台，举办各种居民共同参与的社区活动，积极拓宽参与渠道。

第三，学会资源的整合。所谓资源整合，就是在特定的区域范围、空间范围和时间范围，以机制为主导，优化环境，合理动员利用和科学有效地配置自然资源。社区中有大量的人力、信息等资源，社区工作者要学会整合，从而更好地完成社区治理和服务工作。

（五）处理社区矛盾的能力

社区建设进程中，社区居民的期望以及利益诉求越来越多，同时矛盾也越来越多。处理社区内公共事务，不能想当然，需要在充分调查的基础上，了解民情，听取民意，进行集体决策，民主解决，善于用各种形式化解社区纠纷。比如通过居民代表大会、业主委员会、小区楼长会、小区联合党支部会等多种形式，配合相关部门一起解决，从而不断地提高居民自我服务、自我管理的能力。

（六）社区文书写作能力

社区工作者要进行宣传，不仅要有较好的语言表达能力，还要具有一定的文字写作能力，如公文、公函、宣传资料、总结报告、工作计划、项目申请等。因此，良好的语言文字表达能力是社区工作者应具备的能力。

（七）创新能力

社区治理离不开创新。思维创新能力通常是衡量社区工作者水平的重要指标。优秀的创新能力不能一蹴而就，它需要长期的培养和实践锻炼。尤其是正规的社区治理职业培训和专业教育，对于培养社区工作者的创新能力起着不可替代的作用。创造性思维有多种具体形式，最常见的有两种：一是发散式的，是针对同一事物从多视角、多层面形成各种新观点的过程；二是聚敛式的，它是合乎逻辑地对各种观点进行评判、评论和选择其中最佳观点的过程。随着社区工作的不断深入，社区工作者对自身的要求也越来越高，故其需要运用创新思维把社区工作推向一个新的高度。

（八）应变能力

具体来说，应变能力需要社区工作者根据不断变化的主客观条件，有针对性地调整自身行为。

社区工作者需要在工作中根据事物的发展、当时的局势作出针对性调整。随机应变能力，"应变"不能抛弃原则，要根据客观事物的变化与一切可能的条件，采取灵活的"应变"对策。做到灵活应对，最终达到预定目标。现代应变能力，要求科学的判断，做到原则性和灵活性统一，在已经知道目标无法达到的前提下果断停止，及时控制现有状况，转移现有重点；在知道坚持现有状况就能达到最终目标的情况下，排除一切困难与干扰，用各种方法达到目的；在已经实现阶段目标的前提下头脑能够保持清醒，继续下一步规划，激励前进；在发现现有情况发生变化时，不管是发生在领导者身上还是发生在服务对象身上，依然能够继续坚持拟订好的计划，随机应变，临场作出最适合当时的决策以适应新状况。

二、社区工作者队伍的素质要求

（一）政治素质

在社区工作者的诸多素质中，政治素质决定和影响其他素质的形成和发展。

1. 政治素质高低的标志

社区工作者的政治素质由政治理论水平和政治观点、态度、政治远见和政治敏锐性、思想作风、工作作风等相互关联的方面构成。

社区工作者政治素质的关键是政治理论水平和政治观点态度，它是决定社区工作者政治水平高低的重要因素，是领导有无政治远见的决定因素，也是社区工作者思想作风、工作作风的内在动力。政治素质的高低是社区工作者素质高低的主要标志，这主要是说政治理论水平和政治观点、政治态度在社区工作者素质系统中的重要作用。

世界观指的是人们对整个世界的观点和看法，是客观物质世界在人们头脑中的反映。人们在一定历史时期能够达到的知识水平以及受社会制度的影响形成个人的世界观，会随社会的发展而不断发展。马克思主义世界观是唯一科学的世界观，是无产阶级及其政党认识世界和改造世界的理论武器。

世界观支配人们的思想和行动，决定人们观察和处理问题的观点、角度和行事方法，制约人们面对内外事物的态度与应对方法，调整人和外部世界的关系。世界观不同，人们观察和处理问题的观点和方法就不同，从而在认识世界和改造世界的实践中所起的作用也就不同。正因为世界观有如此鲜明的实践意义，所以先进的、科学的、积极的世界观会引导人们适应社会的发展，以取得人类社会的进步，从而推动历史的发展；反之，反动的、落后的、消极的世界观会阻碍社会的进步，成为历史发展的障碍。

由以上分析可以看出，世界观的正确与否决定了一个人素质的高低。一个人即使有再高的天赋、再强的能力、再深的学问，如果离开了科学的世界观，也有可能迷失方向、误入歧途。所以，社区工作者必须依靠正确的政治观念来统率正确的行为，用较高的政治素质来保证较高的领导素质。

2. 政治素质的主要内容

第一，政治立场上同党和政府保持一致。社区工作是我国构建社会主义和谐社会的重要组成部分，政治意义十分重大。同时，社区居民多样，期望要求千差万别，社区工作者又面临新的矛盾和问题。社区工作者要保持清醒的头脑，旗帜鲜明地坚持党的领导，维护政府地位与权威，维持社区稳定和谐。因此，与党中央和政府在政治立场上保持一致，是社区工作者的核心政治素质，也是对其最基本的政治要求，是所有社区工作者都要遵守的政治纪律。

第二，坚持贯彻党的根本工作路线即群众路线，群众路线的基本观点是相信群众、依靠群众、一切为了群众。党的群众工作的重要内容包含社区工作。发动社区居民利用社区资源解决社区问题，建设和谐社区，不断满足社区居民日益增长的物质文化需要。因此，社区工作者需要自觉坚持贯彻党的群众路线，坚持以人为本，服务居民，把广大居民群众的利益作为一切工作的核心以及重中之重，做好为人民服务的社区工作。

第三，要以马克思主义中国化的最新成果为指导。马克思主义理论作为科学的世界观和方法论，是人民群众的指引和风向标，也是社区工作者的风向标和行动规划指导。社区工作者只有掌握马克思主义理论的立场、观点和方法，才能正确了解、认识、分析新情况和新问题，正确贯彻党的路线、方针和政策，在复杂的社会环境中坚持正确的政治方向。从一定意义上说，社区建设水平的高低取决于社区工作者马克思主义理论水平的高低，理论水平高，对党的纪律法规、方针政策的理解就全面、准确，就能从社区的实际出发，创造性地贯彻执行。因此，社区工作者必须努力学习马克思主义、毛泽东思想，特别是马克思主义中国化的最新成果，以此为指导，不断提高自己了解事物的水平和解决实际问题的操作能力，这是时代背景赋予我们的不可推卸的神圣使命。

第四，具有良好的工作行为以及作风。长期以来，社区居委会工作人员深入群众、深入实际、勇于吃苦、乐于奉献的工作作风给居民群众留下了深刻印象。在新形势下，这些优良的传统和作风更要发扬光大。理论与实践相结合，丰富发展内容，使联系群众的作风、实事求是的作风、艰苦奋斗的作风在和谐社区建设中更好地发挥作用。社区是社会的缩影，是社区工作者能力发挥的场所。社区工作者若不与群众结合，实行纯理论行动，缺乏吃苦耐劳等，将很难有所作为。

（二）职业道德素质

1. 道德素质体系的主要组合

社区工作者的道德素质包括社会公德、家庭美德和职业道德等。其中，对社会及个人影响最明显的是职业道德。

（1）社会公德。社会公德是全体公民在社会公共生活中都需要遵循的行为准则，涵盖人与人、人与社会、人与自然之间的关系，展现了公民个人的道德修养以及社会文明程度。

我国社会主义公德和基本要求是多方面、多层次的，主要体现在社会主义精神文明的基本要求和社会公共生活规范中。

《新时代公民道德建设实施纲要》中明确规定了要推动践行以文明礼貌、助人为乐、爱护公物、保护环境、遵纪守法为主要内容的社会公德，鼓励人们在社会上做一个好公民。

社区工作者从属于社会成员，应该遵守社会公德，严格要求自己，并且努力成为遵守社会公德的典范标杆，起表率作用，向居民展示自己的带头作用。

（2）家庭美德。家庭美德是每个公民在以家庭为单位的关系中应该遵循的行为准则，它涵盖了长幼、夫妻、邻里之间的关系。

《新时代公民道德建设实施纲要》中明确了要推动践行以尊老爱幼、男女平等、夫妻和睦、勤俭持家、邻里互助为主要内容的家庭美德，鼓励人们在家庭里做一个好成员。

处于社会大环境中，社区工作者自然要处于一定的社会和家庭生活环境中，同样地，社区工作者的生活、学习乃至工作时刻受到社会公德和家庭美德的影响。所以，社区工作者不仅要具备良好的社会公德意识，还要顾及家庭美德，才能更好地投入工作与生活中，从而最大限度地发挥自己的作用。

（3）职业道德。职业道德来源于职业实践，指的是与人们的职业生活紧密联系的并具有一定相关职业特征的道德和行为规范。

社区工作者的职业道德指的是在自己工作中形成，并且直接影响工作的一系列行为准则与规范。《新时代公民道德建设实施纲要》中明确了要推动践行以爱岗敬业、诚实守信、办事公道、热情服务、奉献社会为主要内容的职业道德，鼓励人们在工作中做一个称职的建设者。

在社会主义市场经济条件下，遵守国家政策和法律法规，依法行政；钻研业务，熟悉社区工作者的各项工作；学习市场经济知识，掌握必要的现代化技能，提高业务能力；忠于职守，认真负责，实事求是，深入实际；注意交际行为；追求快速、准确、高效；保守国家秘密；廉洁奉公等都是社区工作者职业道德的基本内容。

2. 道德素质的基本内容

第一，对国家和政府诚信。具体来说，社区工作者需要对国家和政府毫无保留，维护二者的权威和地位，言行上尤其需要注意，不得有反对、背叛国家的言论。社区工作者应当做到：从内心忠于国家和政府，维护政府权威声誉；始终贯彻国家法律法规和政府大政方针；服从领导与组织；不得有损害政府的言论和行为出现。

第二，敬业奉献。这是社区工作者应尽的基本义务，即要求社区工作者遵守工作制度，坚守工作岗位，认真负责地完成工作任务。就是要忠于职守，尽心尽力做好本职工作，切实有效地服务，所谓"在其位，谋其政，司其职，尽其责"。

第三，清正廉洁。清，即清净、清醒，淡泊名利；正，即为人正直，坚持正道；廉，即不贪不占，正视职责；洁，即洁身自好，坚持本心，品行高洁。具体来说，社区工作者应为公共利益服务，不得以权谋私，更不得贪赃枉法。清正廉洁反映的不仅是社区工作者道德水准的高低，更关系党和政府的形象，关乎市场经济进展成败、国家盛衰和前途命运。

第四，依法行政。依法治国是现代国家的重要标志之一。依法行政需要遵循合法性与合理性两个原则。依法行政要求知法懂法。因此，社区工作者需要强化法律观念，学习相关法律知识，增强法律素养。在此基础上，坚持合法性与合理性相统一，否则依法行政无从谈起。

第五，实事求是。社区工作者基本的工作态度应是有一说一，有二说二，即一切从实际出发，科学地按规律办事，也就是说老实话，办老实事，做老实人，求真务实。实事求是是党的思想路线精髓，社区工作者在工作中必须遵循。

第六，开拓创新。这里提到的开拓创新，就是要求社区工作者必须顺应社会主义市场经济要求，创造性地实施有效管理，积极主动地开拓发展行政管理。不仅市场经济和社会发展需要开拓创新，当代管理者同样需要这样的道德素质。

第七，团队合作。在市场经济快速发展的大背景下，各种不确定性因素增多，事务的复杂性增强，管理职能变化要求单位管理科学化和规范化。社区工作者需要与领导、同事以及单位内外的人团结协作，实现管理体系整体优化。

（三）知识素质

社区工作者的工作具有综合性强、涉及范围广等特点。因此，一个社区工作者的成功离不开知识的积累。在当今新技术革命和知识经济的时代，社区工作者要积极发挥主动性，获取和积累知识，使之合理组合调配，达到最优效果。在社会工作中，社区工作属于宏观操作方法，行动取向偏重社会改革，这在客观上要求社区工作者向通才发展，其知识结构应当是复合型的，包括政治、经济、人文、科技等各方面知识。在这些知识当中，社会学、心理学、管理学和法律等方面的知识起重要作用。

1. 社会学知识

社区工作者的工作对象是社区以及居民，社区是社会的基本单元。社会问题的产生都是相互联系的，是多种社会因素共同作用的结果。研究社会结构和发展规律是社会学的责任，社区工作者要在社会学知识的指引下开展社区工作。具体来说，社区工作者需要掌握的社会学知识主要包括以下两个方面。

第一，有关社会结构的知识。社区工作者关注特殊困难群体在社会分配结构中的处境，并希望通过专业方法和途径来改变他们的这种处境。因此，社区工作者需要了解社会结构，即有关社会群体在社会中的地位、关系中的相互关联状态，以便帮助其了解和分析社会资源、社会利益分配的格局，从而解决宏观的社会问题。

第二，有关社会互动的知识。社区工作者经常与社区及其居民打交道，社会学关于社会互动的知识刚好可以提供人们如何相互作用，借助何种中介进行相互作用，以及如何有效、成功地与他人合作等方面的指导。这些知识可以帮助社区工作者理解社区的人际互动过程和规律、社会团结状况，从而更好地推动社区居民参与，运用集体力量，通过互助和自助达到解决社区问题的目标。

2. 管理学知识

管理学主要是运用计划、组织、指挥、人事、控制及监督等功能；通过合理利用各种资源和安排各种活动，促进和提高工作效率和效果，从而实现组织目标和满足个人需求。

在我国社区建设中，推进社区自治，需要社区民主化与科学化管理。在民主科学的管理之下，调动社区居民热情参与，实现"自我管理、自我教育、自我服务、自我监督"的"四自"标准，更高效实施社区公共治理，使各种复杂的社区问题得以解决，满足社区居民的各种需要，实现社区发展和社区建设目标。社区工作者应尽快摆脱思维定式，避免继续用传统的行政手段处理社区事务，必须学习现代管理科学，运用民主和科学的方式组织、协调、管理社区，做好计划和评估工作，提高服务效率。

3. 心理学知识

解决人们所遇到的社会问题是社区工作者的任务之一。这些问题既包括物质层面的，也包括精神或心理层面的。很多社会功能失调现象的深层次原因，往往就是人们的心理问题。在现代社会中，面对市场竞争、就业压力、生老病死等风险，人们的心理压力增大，导致个人和群体的心理问题越来越多，这已经成为一个不可忽视的社会问题。社区工作者在解决物质层面问题的同时，还要运用科学的理论和方法解决人们的心理问题，如此才能真正解决人们面临的各种社会问题。这就要求社区工作者运用心理学，特别是社会心理学的理论与知识，如精神分析学、群体动力学、生命周期理论、认知理论等，帮助社区居民克服忧郁、焦虑、孤立、封闭等不良心理反应，促进社区凝聚力的形成和社区意识的强化，使社区建设与发展真正具有内在的动力；同时，也使社区居民个人及家庭克服心理障碍、保持心理健康，以增强其适应社会生活的能力，从而在个人、群体和社区层面形成良好的心理氛围。

4. 法律知识

现代社会是法治社会，社区工作各项事务的开展必须有法可依。政府依法行政，社区依法自治，这是处理政府和社区关系的基本准则。同时，社区工作者在完善社区工作，帮助社区居民调节复杂的社会关系时，也会遇到各种法律问题。社区工作者应学习和掌握相关的法律知识，善于运用法律武器维护社区居民的权益，依法解决社区的矛盾和冲突。

（四）公共精神

1. 公共精神的内涵

在定义"公共精神"概念之前，我们先看看流传至今的雅典青年誓言："无论我站在方阵的哪个位置，我都不会给神圣的武器带来耻辱，也不会抛弃与我共同作战之人。我要保卫神圣或世俗的事物，不会拱手放任祖传的土地减少，而应该尽最大的努力以所有的条件使其更多和更好。我会在任何情况下服从正确行使权利的任何人，遵守现行的法律，以及将来付诸实行的合理有效的法律。"① 这个誓言明确提倡了一种城市利益高于个体利益的文化，认为有高于个人私利的理想准则和法律准绳存在，值得个人为之奋斗与献身。这种文化体现的就是所谓公共精神。

由此看来，公共精神包含民主、平等、自由、秩序、公共利益和负责任等价值取向，以服务公民和社会为目标，是存在于民主法治社会中的最基本的道德和政治要求、标准和态度。

2. 公共精神的主要特点

（1）公共性。解读公共精神的关键在于对公共性的理解，这主要在于两方面：一方面，公共精神需要建立在共识基础之上，即社会中每个独立个体是平等的，个体被赋予社会责任，享有一定的权利，这份权利是任何人都不能破坏与阻止的，每个人都需要并且有义务去维护大家公认的道德原则；另一方面，公民在社会中享有自我利益，但是这份利益要求公民不能局限于自己的私利，要将道德关怀的目光投向他人，真正地将社会与公民结合成不可分割的整体。

（2）政治性。公共精神区别于私人美德的重要标志之一就是公共精神的政治性，二者之间虽然没有明显分别，但是其中的差别不容忽视。私人美德并不具有社会性，这恰恰是公共精神的最基本价值所在。从某种意义上说，私人美德是人性和人伦的美德，公共精神是基于社会和国家公民的美德。

（3）底线性。公共精神并不排斥私人利益，不否定个性自由，是最低限度的共同价值、标准和态度。公共精神是对参与社会生活的人提出的最基本要求，是一种非感性层面上的行为约束。公共精神要求每一个社会成员都应懂得必须先满足一定的"底线"，然后才能去追求自己的其他目标。不管是谁，作为社会中的一员，基本的行为准则和规范是必须共同遵循的，这一点不可动摇。个人必须通过履行自己的应尽义务而走向道德升华，否则个人就会堕落，社会就会崩溃。

（4）辐射性。公共精神不仅能直接影响他人行动，还会辐射和强化对他人的影响。公共精神产生于民主法治社会，在广阔的公共空间不断发展。人

---

① RHODES P J, OSBORNE R et al. Greek Historical Inscriptions 404 – 323BC.

们之间公共交往逐渐频繁普遍，人们更加追求公共生活和谐，并且这种要求日益强烈，每个公民都需要维护社会共有的美德。因此，公共精神水平程度高的人更能激发广大公民的公共精神，循环往复，进而辐射全体公民，其结果是促使公共精神在全社会得到强化。

（五）身心素质

1. 良好心态

社区工作者需要具备积极向上的心态，这一点是非常重要的。因为积极的心态能帮助社区工作者领导群众进行社区活动，凝聚力量、弘扬正气、抵制歪风，建设文明、祥和、健康的社区环境。如果社区工作者精神萎靡，不思进取、消极低落，居民的精神状态就会受到影响，会降低群众士气，甚至导致人心涣散。

2. 心理承受能力

在社区工作中，社区工作者在实现工作目标时经常会遇到坎坷、困难和挫折，引导服务居民时会被误解甚至受到伤害。因此，社区工作者要有良好的心理素质，要有能够容忍的心态和宽宏大量的气度。以人格的力量克服困难，展现不屈不挠的精神面貌，从而赢得居民的支持。

3. 健康的体格

复杂并且繁重的社区工作，向社区工作者的身心提出巨大挑战。在心理承受能力之外，社区工作者更需要健康的身体作支撑，需要充沛的精力来应对复杂的社区事务。因此，社区工作者要注意身体健康和加强体育锻炼。

第三节 社区工作者队伍的建设与管理

一、社区工作者队伍的机制建设

在社区工作者队伍建设和管理过程中，我国近年来主要利用社会工作者队伍建设手段，通过社会工作的专业化和本土化发展推动社区工作人员队伍建设，同时通过考取社工资格证等手段对全体社区工作者进行人才培养和评价。

（一）培养体系建设

1. 做好专业培训

专业培训的特点是能够在短时间内快速平稳地培养人才，在专业化的培训下，可以丰富社区工作者的工作知识和方法，提高理论素养和水平，有机结合传统的工作方法和现代的理念强化社区工作者的价值观和职业操守，不断提高专业化水平，以适应社区发展。

2. 加强学历教育

学历教育具有后发优势，基础性和系统性特点显著。长远来看，重视学历教育是提高社区工作者队伍素质的必由之路。一方面，参与高校学历班，可以提升专业化水平，为实现社区工作者之间的良好合作打下基础；另一方面，不断把高校社工专业毕业生补充到社区工作者队伍中，为实现社区工作者的专业化、职业化创造良好的条件。

1988 年，民政部资助北京大学开设了改革开放以来第一个社会工作专业。随后，各级高等院校相继开设了社会工作专业和课程。之后，逐步形成了大专、本科、研究生学历体系，每年毕业生近万人。他们当中已有一部分进入社区工作领域，优化了社区工作人员的队伍结构。

3. 深化继续教育

继续教育总是"绿色"的，继续教育的任务是使社区工作者的专业知识不断得到更新、补充和拓宽,逐步完善知识结构,提高工作适应能力和创新能力。北京市每年对持有执业资格证书的社区工作人员进行继续教育培训;很多地方都对志愿者实行注册制度并开展继续教育培训。

(二)建设评价体系

人才评价是队伍建设的核心。当前,社会工作者评价体系建设的重点是贯彻落实人事部、民政部联合发布的《社会工作者职业水平评价暂行规定》(以下简称《规定》)和《助理社会工作师、社会工作师职业水平考试实施办法》(以下简称《办法》),全面实施社区工作者职业水平评价制度。

1. 考试制度

《办法》共11条,对考试科目、时间、有关规章制度、组织实施进行了全面部署。《规定》共5章27条,第二章考试共8条,对考试方式、报考条件、证书制度作出了明确规定。助理社会工作师、社会工作师职业水平考试实行全国统一大纲、统一命题、统一时间、统一组织的考试制度,原则上每年举行一次。考试合格者,取得《中华人民共和国社会工作者职业水平证书》,该证书在全国范围内有效。

2. 登记制度

《规定》第二十条至第二十二条指出:"社会工作者职业水平证书实行登记服务制度。具体工作由民政部或其委托的机构负责。民政部或其委托的机构定期向社会公布社会工作者职业水平证书登记情况,并为用人单位提供查询取得社区工作者职业水平证书人员的信息服务。在社会工作者职业活动中,违反有关法律、法规、规章制度或职业道德,造成不良影响的,由登记机关取消登记,并由发证机关收回职业水平证书。"

3. 配套政策

目前,民政部成立了社会工作者职业水平评价专家委员会,已制定高级社会工作者职业水平评价办法、社会工作者考核评价办法、社会工作者继续教育办法等配套政策,建立健全社会工作者职业水平评价制度体系。

（三）使用机制建设

人才使用是队伍建设的关键。要充分发挥居（村）民委员会主任的"小巷总理"作用，发挥居（村）民委员会工作人员在社区建设中的主力军作用；发挥社区工作者和志愿者的生力军作用，不断探索和研究"三支队伍"的发展模式。

1. 充分发挥居（村）民委员会工作人员议事决策者的作用

社区居（村）民委员会工作人员代表社区居民利益，议事决策社区事务。社区工作者服务社区居民，在社区工作中扮演执行者角色；社区志愿者充分体现了社区建设的公众参与与社区和谐程度，展现的是"社区为我、我为社区"的互动关系。可见，社区居（村）民委员会工作人员是社区工作者队伍中最重要的部分，是社区建设的主力军，应当充分发挥居（村）民委员会主任"小巷总理"的作用，居（村）民委员会工作人员监督和管理社区组织，真正体现居（村）民自治。

2. 加快社区工作岗位开发与设置进程

完善岗位设置，社区工作人才才能够充分发挥作用。社区工作岗位的设置开发是基础性工作，能够推进社区工作者队伍建设。人力资源和社会保障部制定社区工作岗位设置的政策文件。《上海市在社区推进社会工作实施办法》中明确了社会工作在社区中的职业领域、专业岗位、专业组织和专业人员，对社区的职业资格、岗位培训、招聘任用等日常管理作出了一系列规定。山西省民政厅在《关于深化推动社会工作专业岗位开发与人才激励保障的实施意见》中明确了人力资源和社会保障部门要将取得国家社会工作者水平评价类职业资格证书的社会工作专业人才纳入专业技术人员管理范围。除此之外，多省份开始结合自身特点研究拟订符合本地社区工作岗位设置的方案。

3. 社区工作者引领志愿者（义工）的联动发展模式探索

社区工作者和志愿者（义工）联动发展的思路在推进专业化和职业化社区工作者队伍建设进程中得到发展。在工作实践中，社区工作者和志愿者作为社会服务的主力军，他们专注发挥职业化、专业化优势，继而指导、发展、服务志愿者。其中，需要积极倡导志愿者爱心奉献精神和社会责任意识，努力克服志愿服务的随意性、资金短缺、专业训练缺乏等问题，进而营造人人参与、和谐共处的良好社会氛围。

（四）激励机制建设

1. 优化居（村）民委员会结构

第一，拓展居（村）民委员会工作人员的来源渠道。鼓励、动员政治素质高、管理能力强、群众关系好、热爱社区事业、有较强奉献精神的本社区居民竞选居（村）民委员会主任、副主任，这些人既可以实行义务制，也可以享受政策补贴，但不以此作为谋生的手段。

第二，在居（村）民委员会设置一定的社区工作岗位，吸引文化水平高、专业能力强的社区工作者到社区居（村）民委员会工作，他们应在居（村）民委员会主任的领导下承担社区具体工作。

第三，继续提高现有居（村）民委员会工作人员的待遇，他们的补贴不应低于当地的最低工资。

2. 规范社区工作者的薪酬待遇

从当前来看，实施和完善社会工作者职业水平评价制度是激励社区工作人才的重点。要规范社区工作者属于专业技术人才的薪酬和保障待遇，逐步提高其社会地位、职业威望和职业生涯发展空间，免除他们的后顾之忧，使社区工作者像教师、律师、医师一样，成为人们尊重和向往的职业。

3. 发展壮大志愿者队伍

社区志愿者队伍建设的目标是培养一支服务功能强、参与面广、作用发挥充分的志愿者队伍。志愿者的数量是衡量社区文明程度的一个重要标志。在一个社区中，如果有1/3以上的人愿意做志愿者，该社区的人际关系就算得上十分和谐。目前，我国社区志愿者的数量和质量与社区建设的需要还有很大差距。社区志愿者不仅需要精神激励，也需要物质激励。一是要广泛发动。社区建设的宗旨、内容得以广泛传播，家喻户晓，深入人心，引导社区成员树立服务意识、积极参与社区事务。二是要骨干示范。共产党员发挥模范作用，带动社区居民，采取入户访问、党员公示、党员挂牌服务等方式动员和督促广大党员积极参与社区服务活动。三是要宣传表彰。要及时发现和宣传居民参与志愿服务的先进事迹，并对其进行定期表彰。

二、社区工作者的管理

（一）政府管理

1. 加强党的领导

随着"两级政府、三级管理"新体制的逐步形成，城市治理重心下移，社区被推到城市社会治理的前沿，社区党组织是社区组织和社区工作的领导核心。许多城市都在积极探索社区党建工作的新途径，如社区党组织书记和社区居委会主任"一肩挑"，"两委"（社区党委、总支、支部和社区居委会）交叉任职，收到了良好效果。

农村社区党组织对村委会的领导主要体现在：依照《中华人民共和国宪法》等法律，支持和保障村民开展自治活动，直接行使民主权利，如支持村委会工作人员依法独立负责地开展工作，凡属村委会权限范围内的事项，由村委会自主处理；保障村民的选举权和被选举权，维护村委会的权威。

2. 加强基层政府的管理

政府组织是社会管理机构，具有主导、管理、监督公共服务队伍的职能，社区居委会工作人员要自觉接受城区政府及街道办事处的管理，并完成政府交办的任务。例如，在街道党委的领导下进行社区党组织建设和党员队伍建设；在街道办事处的指导下开展社区建设。村民委员会是联结村民群众与政府的桥梁和纽带。村委会工作人员是乡镇政府完成各项任务的重要力量。村委会工作人员要把党和政府的路线、方针、政策贯彻到村民群众中，同时，也要及时把群众的愿望和要求向党和政府汇报，主动争取党的领导和政府的支持。

3. 加强民政部门的指导

民政部门是推动社区建设的牵头部门，加强社区工作者队伍建设与管理是民政部门义不容辞的职责。一是要抓好试点和示范工作。当好党和政府推进社区建设工作的参谋、助手。二是评比、表彰工作。通过评比、表彰先进社区、先进集体和先进个人，树立榜样、鼓舞士气。三是宣传、培训工作。

通过多种形式，尤其是大众传媒手段，广泛宣传社区建设的先进事例，同时，通过培训社区建设的组织人员和骨干分子，使他们掌握较为系统的专业知识，有利于提高社区工作者的素质和能力。

（二）自我管理

1. 社区工作者的心态管理

社区工作者要面对的事情和挑战有很多，其心态是否健康和积极很重要。社区工作者的谦虚与低姿态往往能使其他人广进良言。因此，社区工作者需要做好心态管理。

（1）学会自我减压。当代社会中，社区工作者是被紧张问题困扰较多的一类。紧张主要产生于人们感觉到的各种不同的要求与自己能力之间的不平衡，以及由于主客观条件的限制而不能满足人的需要与未满足需要的强烈程度之间的不平衡。社区工作者面对这些问题，要克服过度紧张，除了要对紧张问题进行自我分析，还要找到切实可行的办法来加以解决。在众多压力下，社区工作者要冷静思索，可从以下几点做起。

第一，树立正确的人生目标、生活目标和工作目标。人生需要清晰的路线规划，而不是在空想之外毫无头绪地胡乱行动。当代社会压力巨大，导致人们过度紧张，社区工作者同样不例外。从根本上解决好"三观"问题，正确应对生活工作中的各种矛盾冲突，正确对待自己与他人，才能正确对待权力、地位、金钱、名利、待遇、职位等问题，才不至于被这些问题所困扰，也就不会出现过度紧张的问题。

第二，劳逸结合。工作之余，多参加一些健康、高雅、文明的娱乐活动。这包括下棋、打球、听音乐、读书、书法、绘画、园艺、跳舞等，并利用业余时间发展一两项个人爱好，戒除一些诸如饮酒（特别是酗酒）、吸烟、赌博等消极应对紧张或压力的方式。学习掌握并长年坚持一些集放松、健身、运动于一体的身体活动。一张一弛，调节有度。只有会休息的人才是会生活、会工作的人。

第三，多享受工作，少享受权力。尽情享受工作本身带来的乐趣，保持积极的、适度的紧张是克服过度紧张的有效方式。全身心地投入工作之中，享受工作带来的乐趣，如因工作产生的成就感、与他人合作产生的亲密友情等，这些都有利于保持对工作、生活的热情。我们不应该也不可能完全避免紧张，重要的是寻找并保持积极的紧张，把消极紧张转化为积极紧张。

第四，加强家庭成员之间的交流和沟通。正确处理与家庭成员之间的关系。在8小时的工作时间内，尽可能地完成工作，不要把剩余工作带回家。营造一种相互体贴、相互支持、温馨和睦的良好家庭气氛是消除紧张的一种方式。家庭常常充当紧张状况下的感情支柱和庇护所，充满亲情和天伦之乐的家庭生活，对于缓解社区工作者的过度紧张具有特殊作用。因此，来自家庭的支持对社区工作者来说是非常重要的。

（2）克服急躁情绪。社区工作者所面临的形势、任务、政策环境和领导环境都是发展变化的，因此必然会遇到许多复杂的矛盾和难题。

社区工作者要始终保持冷静沉着，在处理每件事的过程中热情而镇定，紧张而有序。尤其是被干扰，或受到突发事件的冲击时，依然沉着稳重，注意情绪的控制和负面情绪的调整，以必胜的信心迎接挑战。

第一，目标适当。社区工作者出现急躁情绪，有时跟工作目标杂乱无章、无时间观念有关。保持镇定沉着，排解急躁情绪，需要为自己的目标确定一个合理的预期时间。定下一个目标，提前做好准备，那么遇到坎坷挫折，就不会产生暴躁与放弃心理。凡事都要为自己确定合理的、适度的预期时间。有的社区工作者上"大工程"，实施了几个月没有达到预期目标，就急躁起来，有的立志创"惊人之举"，可也只是努力一阵子，看到收效不明显就着急，这些都是预期时间不当的缘故。而这些急躁情绪又会妨碍他们作持续的努力，最终会影响目标的实现。不管何种工作，长期的努力都是必要的，要想取得突出成就，就需要不断地坚持。社区工作者如果想作出一番事业，取得成就，就要做好长期奋斗的思想准备，不要急躁，保持积极的心态，不断耕耘，等待成熟季节的到来和最终的收获。

第二，急事冷处理。对着急的事情，越是急躁，就越容易没头绪。社区工作者在遇到急事、难事时更要保持头脑冷静，放缓自己的速度，可以适当地推迟等待时间，使得最终的结局趋于圆满。如果是性格问题导致社区工作者遇事容易急躁，那么就要充分认识到自己的性格缺点，在自身主观能动性的主导下，及时修正，避免急躁情绪的发展。当然，之后的工作中还会有急躁情绪的出现，因此要不断进行心理上的平复、放松与修正，直到完全克服急躁情绪。

第三，保持弹性。要想保证事情的结果是成功的，弹性的做法是需要不断坚持的。弹性的选择事实上是与快乐挂钩的。在我们的人生中，时常会遇到脱离自己控制的事情，但是只要在想法和行动上能够保持一定的弹性，那么人生就可以永葆成功，生活也会变得非常愉快。

第四，采取行动。有针对性地制定策略克服难题，找出问题的根源所在，避免让自己的压力伤害他人，也避免自己被压力主导。如果社区工作者总是随便发火，只会让自己更容易受到伤害，进而可能影响自身在居民心中的形象。令自己愉快，能激励自己，做对自己的长期目标有益的事，随之采取必要行动以获得良好效果。

第五，与社区人员沟通。这样做可以帮助社区工作者了解社区目前营运情况和社区人员之间的合作关系。选择关键性的社区人员作为主要的沟通对象，其他社区工作者作为了解，往往能收到事半功倍的效果。

（3）有效地经营自我。第一，塑造自己独特的外在形象。作为一个社区管理人员——社区工作者，你是不是对生活细节不屑一顾，你是否能认识到，言谈举止、穿衣打扮直接决定一个人在人生旅途中的形象。第二，有效的教育培训。社区工作者可选择适合自己的培训内容，在教育培训过程中进行多方交流，从而加强培训效果。第三，请教学者、专家。有些社区工作者实在没办法接受系统的教育培训，可以采取的变通方式：一是邀请学者、专家，聘请顾问定期辅导社区治理；二是有问题直接请教附近的学者、专家，如外边的学者专家到访，便要抓紧时间前往请教，这些学者、专家如兼具理论与实务背景，为社区提供的建议则更具体、更具远见。第四，多看相关方面的图书。好的图书能启迪社区工作者的社区治理理念，提升其思想层次。因此，通过专家、学者了解一些书籍，并认真阅读这类书籍很有必要。

2. 社区工作者的自我激励

社区工作者进行自我激励的目的，不在于改变自己的个性，而在于自我表现调整，作出合理的行为，调整自我表现的方向。

自我激励要面对的首要问题就是失败。失败是每个社区工作者必然要经历的过程。历史表明，凡是有大成就的社区工作者都是坚持不懈地追求梦想的人。这些成功的社区工作者不但有坚忍的毅力、不屈的斗志，同样也有一整套人生奋斗的战略，他们往往临危不惧，能在逆境中奋起。他们的成功经验在于能正视失败、战胜失败。

第一，接受失败。社区工作者战胜失败的前提就是了解失败的原因，失败不是最终的结果。社区工作者为了追求卓越，应当把失败看作成功路上的里程碑，正如一位科学家所说：看似不可克服的困难，往往是新发现的预兆。

第二，正视失败。德国心理学者威廉·沃德说："失败应当成为我们的老师，而不是掘墓人；失败是短时的耽误，而不是一败涂地……失败是暂时走了弯路，而不是走进死胡同。"失败的社区工作者浅尝辄止，没有一直坚持，而是轻易转向其他事项。他们的座右铭："第一次不成功就销毁所有一切努力过的证据。"相反，成功的社区工作者是在第一次失败后能进行检讨，回顾整个过程，吸取教训，然后再努力做下去。如果需要的话，他们甚至可以不断重复失败的过程，以便积累更多经验。因为他们不放弃，所以他们最终一定会成功。

第三，认清弱点。对于强者来说，失败是产生力量和经验、再次冲刺成功的起点。从失败中寻找学习的机会，正视导致失败的个人弱点，并且努力克服，这个过程需要真正坦诚。一旦社区工作者认识到自己的弱点所在，就要开始努力克服弱点。那些能够真正意识到自己的力量并永不言败的人，往往拥有一颗意志坚定、永不服输的心，他们跌倒了再爬起来，即使其他人都已退缩和屈服，但他们仍勇往直前、永不低头。

第四，重新部署战略。改变战略能够让社区工作者战胜失败。如果不加思考地去重复错误，不仅没有积累经验，反而容易丧失信心，如此是不可能战胜失败的，但是，有些社区工作者不能正视这个问题。

第五，从零起点开始。社区工作者认识到失败的原因，了解自己的弱点，改变战略以后，就应该重新开始，回到人生的竞技场上。

3. 社区工作者的时间管理

随着科技的不断发展，时间的价值也以十倍速、百倍速增长。可以说，时间是一切，时间是人生最大的资本，只有懂得利用时间的人才能赢得成功和财富。

（1）树立时间观念。第一，时间观念要强烈。消耗时间就是消耗生命，时间的流逝就是生命的流逝。只有意识到时间的重要性，才谈得上去科学地管理时间。第二，时间观念要机敏。机会难以重来，并且点滴间就会消失。一项工作任务，在恰当的时机内才会产生最佳成效，错过时机，再次重复则可能毫无价值。第三，时间观念要清晰。时间的成本效益是指一项工作所取得的成果与完成该项工作所付出的时间之比。完成该工作付出的时间越少，成本效益越高。时间的价值是通过效益和效果这两个载体来体现的。社区工作者必须把时间视为资源，抱着用一点少一点的想法，千方百计地减少时间支出。第四，控时观念要定量。社区工作者必须定量控制时间，具备对自己时间的系统管理和定量支出的能力，勇于向时间挑战，果断地改变在支配时间上不作为的局面，做时间的主宰者。计划手段和定量支出是时间管理的核心。

（2）制订科学计划。制订计划，按计划指导工作和生活具有重要意义。我们每天的生活充满了突发的、无法掌握的、无法预料的事件，计划可以让你从这些事件中找到规划的主轴线，不致迷失方向。计划可以增强个人管理能力，提高个人自控能力。

指导计划的是目标，但是在很多社区工作者心中，自己的生活目标和工作目标是一个很模糊的概念。通过制订计划，分析自己的价值偏好，就能使目标逐渐变得清晰起来。如果没有目标，人的行动就得不到激发，就会失去奋斗的勇气；目标能激发我们的潜能，最大限度发挥自己的才智；有了目标才会有结果，才会有对自己所作努力的认可和肯定，才会使自己取得成就感和满足感。

"计划"在时间管理理论中绝大多数是指工作计划。为了有效地利用时间，总结自己的工作，分析完成这些工作的方法，加以规划，不但能改善每一项具体的工作，而且使整体工作合理化。制订工作计划的优点有以下6

个方面。

第一，了解哪些工作是有价值的、哪些工作无价值或有较小价值，抛开没有价值的事情，简化工作内容。

第二，决定应该优先处理的是哪项工作，需要平衡考虑其重要性和紧迫性。

第三，较为合理地分配每项工作所需要的时间。

第四，能够在规定时间内完成任务，完成分配的工作量或达到目标。

第五，可以把适合他人干的工作授权给他人来完成，发挥各人所长。

第六，发挥最大潜能。

（3）合理安排时间。

第一，留出充足时间一气呵成完成事情，即在最值得做的事情上留出充足时间，这样就能有条不紊地去做。其一，最值得做的事情最先做。社区工作者需要对自己的时间进行分配，将大部分时间投到高回报的事情上，将小部分时间分散给其他事情。最喜欢的或最容易完成的事首先安排，投入大量时间，次要的事可放在空余时间或精力稍微差一点的时间去做，不必自己完成的事可以委托给别人。其二，重要的事情高效做。每个人在时间上的反应千差万别，有人清晨精神饱满，有人更乐于在夜间处理工作。社区工作者应根据自身的特点以及工作要求的方式开展工作，在高峰时段处理最重要的事情。其三，集中时间整体用。将片段的时间整体化，这样能够提高时间的使用效率，整块的时间分割开来，在工作转换以及思维转变上需要浪费大量时间。例如，即使只有一个工作日的1/4时间，如果集中使用，也足够办几件重要的事。纵然有一个工作日的3/4时间，若都是十几分钟或者半小时的零碎时间，也处理不了重大事情。其四，集中精力做一件事。人的精力毕竟是有限的，要保证高效率，就需要在某段时间内专注于一件事。爱迪生认为他成功的第一要素是"具有能够将身心与心智的能量锲而不舍地运用在同一个问题上面而不会厌倦的能力"。其五，给创造留出时间。当隔绝外界打扰的时候，创意才容易产生。1984年，日本一位创造学家对800多位发明家的调查显示，大部分发明创意是在休息或独处时产生的。所以，社区工作者的工作时间不能全部交给他人，需要预留部分时间独处，这段时间不受干扰，可以全神贯注地思考新问题，进而激发创意，作出创新。

第二，压缩时间做最值得做的事情。压缩时间，要求社区工作者在使用时间时收缩战线，以最便捷的形式解决问题，从不相干的或无关紧要的事务中脱离出来。其一，铆足劲争取一次就把事情做对。每个社区工作者的时间都是固定的，至于他能做多少事，能完成多少事，在于办事效率。如果社区工作者一次就把事情做对，那么他会节约大量时间；相反，如果他总是不能完善地处理事情，每次重做时都要花更多时间。其二，他人能办的授权他人去办。授权能大大提高管理工作效率。作为社区工作者，成功与否的关键就在于他有没有能力使员工发挥以一当十的作用。其三，别接烫手山芋。不仅单指麻烦事，社区工作者不要做他人能做的事情，不要做他人职权范围内的、自己即使做也不能完美做到的事情，不要做他人的、会影响你实现重大目标的事情。其四，压缩开会时间。一个社区工作者如果不能从会海中挣脱出来，不仅浪费时间，而且效率低下。开会可争论，各抒己见，全体发言，但要求不超过一个半小时。其五，缩短转换时间。社区工作者需要从一种工作转换到另一种工作，尽可能压缩时间。社区工作者的工作千头万绪，工作间的接轨时间节约一点，积累下来的时间就很可观。其六，不要被他人绑架，成为"时间人质"。社区工作者在拥有权力的同时也失去了一定的人身自由，居民可以随时随地来找他，社区工作者的时间逐渐变成完全属于别人的时间，这已成为一种规律。社区工作者一旦被他人绑架，成为"时间人质"，就会失去自我。

第三，掌握拉长时间的技巧，弹性处理事情。对任何人来说，时间都是均等的，然而，时间的利用又有很大弹性。在有限的时间内填充无限的事件，这就是时间的拉长效应。其一，合理运用时间。社区工作者的时间恒定，每个固定时段内需要做的工作却是无限的。社区工作者在某个时段所完成的工作与社区工作者的能力呈正相关，社区工作者的能力越强，单位时间内完成工作的数量就越大，社区工作者运用时间的效率就越高。因此，社区工作者要对各项工作统筹规划、合理安排，科学分配时间。其二，逆势操作时间。凡属每个人都非办不可的事，需要在其他人都还没办的时候去办，设法远离"高峰时刻"，当别人还没有做某事时，你就去做，这样可以节约许多排队时间，从而省下等待的时间。

时间管理能力是社区工作者必备的素质之一。理性地认识时间，树立正确的时间观念，提高在管理行为中科学运用时间的能力，是社区工作者实施正确管理方法、提高管理工作效能的重要途径之一。

参考文献

王健．社区营造工作指南［M］．北京：中国社会出版社，2019.

陈志辉．社区工作理论与实务［M］．长沙：湖南师范大学出版社，2021.

哈曼．民政管理专业"十三五"规划教材 社区工作实务［M］．北京：北京师范大学出版社，2017.

张雪，陈秋红．社区工作理论和实务［M］．沈阳：辽宁大学出版社，2020.

姜秋丽，郭晓岩．社区工作理论与实务［M］．北京：高等教育出版社，2020.

郑轶，周良才．社区社会工作实务［M］．北京：国家开放大学出版社，2017.

唐忠新．社区工作理论与实务［M］．天津：天津社会科学院出版社，2016.

李笑．社区工作与服务实务［M］．北京：经济管理出版社，2014.

任建忠．社区工作理论与实务［M］．太原：山西经济出版社，2013.

刘姿．社区卫生服务工作实务［M］．成都：四川科学技术出版社，2011.

秦英．社会工作实务［M］．北京：中国人民公安大学出版社，2016.

潘应春．社区安全与社区管理［M］．天津：天津科学技术出版社，2016.

任晓晖．社区卫生服务管理［M］．成都：四川大学出版社，2020.

闫西安．社区社会工作［M］．长春：吉林人民出版社，2020.

黄皓．社区社会工作管理与服务规范［M］．成都：西南交通大学出版社，2021.

韦克难．社区组织管理［M］．北京：中国社会出版社，2012.

关于什么是社区，我有好多疑问……

假如以后的交通足够发达，一个人在地球上班、在火星生活，那他究竟属于哪个社区？

网络上的虚拟社区里没有真实人存在，它属于社区吗？

居民老死不相往来的某些现代化小区缺乏足够的人际互动，属于社区吗？

关于社区，我们有太多疑问……

关于什么是社区工作者，我也有好多疑问……

社区工作者就是在社区里面工作的人吗？

社区工作者需要持证上岗吗？

打篮球的和广场舞大妈为占场地吵起来了怎么办？

关于社区工作，我们同样有很多疑问……

之所以有那么多误解，是因为我们经常把"社区"和其他的一些概念混淆……

比如说，我们常常把社区跟"物业"混淆

比如说，我们常常把社区跟"社区居委会"混淆

真正的"社区"强调的既不是物业的"商业性"，也不是"社区居委会"的行政性……

1. 社区跟"小区"有什么区别?

社区对我而言就是睡觉的地方,我根本不和里面的人打交道。

那你这个,根本不叫社区,只能叫小区。

具有一定社会利益联系、参与共同社会生活的并达到一定规模的人群

生活在其中的社会成员在感情和心理上具有一定的认同感和归属感

所谓社区包括四个要素:

有一套相互配合的社会组织和生活服务机构

有比较明确的地域界线

政治—法律视角

地理—空间视角

社会心理方法

小贴士

　　"社区"作为学术概念，可以追溯到近代德国社会学家斐迪南·滕尼斯（Ferdinand Tönnies）出版的《社区和社会》（1887）一书。滕尼斯的"社区"是指在前工业化和城市化农业村落基础上形成的一种社会关系网络或类型，并没有特别强调社会组织和自然地域。20世纪前期，美国芝加哥学派社会学家将城市社会群体（组织）作为基本研究对象，"社区"一词特指具体的城镇和乡村地域及其居民（族裔）共同体。从此，"社区"发展成一个重要的学术术语和社会词语。

2. 你生活在哪类社区？

> 高档社区！

> 学区房！

> 城乡接合部！

> 老破小！

小贴士

根据社区工作对象的意义，社区主要划分为地域性社区和功能性社区。根据人类社区转型的时间顺序，社区可划分为农业社区、城市社区和大都市社区；根据主要社会功能，社区可划分为经济社区、政治社区、文化社区、军事社区和居住社区；根据经济功能，社区可划分为工业社区、农业社区、林业社区、牧业社区等。

> 住的全是工厂职工……

你说你的社区是属于什么类型的?
从物业费上看，最起码是高档国际轻奢小区……
那从其他方面看呢?属于什么类型?
这个嘛……我们还是继续从物业费上看吧……

3. 社区的规模是越大越好还是越小越好？

感觉我们社区太小了，什么配套设施都没有……

感觉我们社区太大了，进出小区的路每天都堵死，居民互相之间根本不认识！

规模大好！

规模小好！

小贴士

从理论上讲，社区必须达到一定的人口规模，有相对完整的社会化、社会控制和生活服务功能，即形成相对完备的教育、商业、治安体系。人口和区域规模太大，居民缺乏相应的联系和认同感，实际上失去了"社区"的意义；人口或区域规模太小，则经济和社会功能不全，无法形成一个完整的社区。

所以嘛，社区不大不小，刚刚好！

4. 中外社区有何不同?

我觉得中外社区最大的区别是, 中国社区主要是中国人, 外国社区主要是外国人……

哦……

小贴士

　　理解中国现阶段的"社区", 需要认清其不同于西方国家的基本特征。

　　第一, 中国城乡社区的公共管理具有浓厚的行政色彩。

　　第二, 中国城市社区地理空间的突出特点之一是土地利用的高度混杂。

　　第三, 中国人传统上习惯于依靠私人和亲属网络解决个人及家庭问题, 对社区和社会的依赖程度小。西方社区生活中宗教和慈善组织的特殊作用在中国相对较小, 因此, 贫困群体多通过节衣缩食、亲友资助应对困境。由于社会整体发展水平的差距, 中国城乡居民对社区公共事务的参与机会和享用社区公共服务的水平还是十分有限的。

5. 社区工作就是在社区找个工作?

我在社区开了一家小卖部，所以我的工作也是社区工作，对吧?

关于什么是社区工作，不同学者有不同的看法，但不是在社区发生的工作，就叫社区工作，它是一种专业的工作方法。

小贴士

王思斌主编的《社会工作概论》较全面地阐述了社区工作的概念内涵："社区工作是专业社会工作的一种基本方法，它以社区和社区居民为案主，通过发动和组织社区居民参与集体行动，确定社区的问题与需求，动员社区资源，争取外力协助，有计划、有步骤地解决或预防社会问题，调整或改善社会关系，减少社会冲突，培养自助、互助及自决的精神，加强社区的凝聚力，培养社区居民的民主参与意识和能力，发掘并培养社区的领导人才，以提高社区的社会福利水平，促进社区的进步。"

6. "社区工作"的大名、小名和曾用名有哪些?

小贴士

社区工作,也被称为社区组织(community organization)或社区发展(community development)。这些术语既有共同点,也有差异之处。就社会工作学科领域而言,社区工作、社区组织和社区发展可被看作相同的概念,都是指以社区为对象的工作方法或过程。

在欧美社会工作实践中,将社区作为工作对象已经有100多年历史。由于各自的传统或习惯,美国多用"社区组织"一词,英国一些学者用"社区工作"一词,中国香港地区则将"社区工作"与"社区发展"并用。从学术概念的起源来看,"社区组织"一词的运用时间较早,主要指工业化社会中社区工作的组织方式和过程。

7. 社区工作具体目标背后还有最终目标?

小贴士

社区工作的具体目标是协助达到社区工作最终目标的途径,包括:
(1)提高社区能力,解决社区问题。
(2)发掘社区资源,满足社区需要。
(3)扩大社区参与,实现公民权利。
(4)协调社区服务,提高工作效率。
(5)改善社区环境,改革不良制度。

8. 社区工作重过程还是重结果?

这次的社区项目感觉没什么成效呀!

别灰心,在这个过程中居民的积极性被调动起来了……还是很不错的。

这么简单的社区活动都能搞成这样,你用点心吧!

社区工作,是一种"既要""又要"的工作……也就是说,两者都要兼顾。

那么,社区工作究竟是重过程还是重结果呢?

小贴士

关于社区工作的目标,国外学者曾提出过两分法。美国学者杰克·罗斯曼(Jack Rothman)将众多的社区工作目标归纳为"任务目标"和"过程目标"两类。所谓任务目标,是指解决一些特定的社会问题,包括完成一项具体任务,达到一些社会福利目标,满足某项社区需要等;所谓过程目标,是指促进社区人士的一般能力,包括建立社区不同群体的合作关系,发掘及培养社区领袖参与社区事务,加强对公民事务的了解,以增强解决问题的能力、信心和技巧等。

9. "乡土中国"的社区工作

乡村建设运动

不但有，历史还很悠久呢……

我们国家过去有社区工作吗？

小贴士

中华人民共和国成立前，中国最有影响力的社区工作应该是 20 世纪 20 年代和 30 年代的"乡村建设运动"。这一运动是中国知识分子立志唤起民众、改造乡村、拯救中国的一种实际行动。其中较为著名的有 1926 年晏阳初在河北定县推行的平民教育；陶行知等 1927 年创办南京晓庄乡村师范学校及以后创办江苏宝山师范学校等；还有梁漱溟等在 1929 年创立河南村治学院及 20 世纪 30 年代在山东邹平推行乡村建设实验工作。这些乡村建设运动，旨在通过乡村自救运动推动社会发展。

10. 社区工作有哪些特点？

1. 以社区为对象

2. 用宏观整体的角度分析和解决社区问题

3. 强调居民的广泛参与

4. 任务目标与过程目标并重

5. 广泛利用社区资源

6. 福利性与政治性统一

原来社区工作如此不简单啊！

小贴士

在社会工作创立之初，人们往往把个人问题归因于个人自身，因此出现了最初的个案工作方法和小组工作方法。后来人们又认识到，个人和家庭的困境受到社会或社区环境的影响，社区也可以作为社会工作的对象。

11. 社区工作为什么要以整个社区为对象？

社会工作三大方法中，个案工作服务于个人和家庭；小组工作服务于有相似问题的群体；社区工作则以社区为对象……

五指山社区

师父，快来帮帮我……

小贴士

社区工作是以特定的社区为切点，通过社会工作者的介入解决社区存在的问题，满足社区居民不同的要，改善社区生活，进而促进社区展。社区工作的性质和目的决定了社工作的服务对象并不是个人、家庭或体，而是整个社区。在不同情况下，区工作往往针对特定地域内的居民群工作重点是解决群体所面对的集体问或居民所共同关心的社区事务。

12. 社区工作为什么要用宏观整体的角度分析和解决社区问题?

13. 社区工作为什么强调居民的广泛参与?

小贴士

　　社区参与作为社区工作的重要目标、原则和手段,是指社区居民和志愿组织对社区事务的平等、开放和多元化的行为投入。社区工作是许多人的共同工作,而不是少数人或精英群体的事务;社区工作追求最大化的居民参与,向所有社区人群开放;社区参与意味着一种平等、开放和多元化的参与,强调责任、权利的分担,尊重居民的才能发挥和自我实现;同时,居民参与也是一种手法,社区工作通过这种手法达到其他特定目标,如在房屋、环境、社会福利、青少年服务等方面的发展。

14. 社区工作为什么要广泛利用社区资源?

小贴士

　　社区工作重视运用社区内的各项资源，相信居民有不少潜力和能力有待发掘及运用，单靠社区工作者自身的能力无法做好社区工作，必须广泛借助社区内的那些非专业的支持网络，如邻居、朋友、亲属及各种社会团体。社区工作强调运用及组织社区资源是改善社区工作的一大手法，这是它区别于其他社会工作方法的特点。

15. 社区工作为什么要福利性与政治性统一？

16. 做社区工作前还要先上课？

239

17. 为什么说新时代需要新的社区工作?

新时代的社区工作

小贴士

随着改革开放的深入和现代化的发展,中国城乡出现了对各类社区服务的更大需求。中国城乡居民收入的提高、居民生活消费观念的转变,尤其是大中型城市社区越来越多的人利用业余时间进行学习培训、休闲娱乐等,对社区空间环境和基础服务设施的需求明显增加。2019 年成都市的一项问卷统计结果显示,社区服务需求程度由高到低排序:社区文体活动占比为 82.4%,卫生及保健占比为 79.8%,治安保卫及纠纷调解占比为 78.1%,再就业占比为 76.7%,托老养老占比为 67%,孤寡残疾占比为 66.7%,餐饮维修占比为 62.4%,家政服务占比为 58.7%,托幼服务占比为 58%,物业管理占比为 57.3%。

我最近在找工作,你在社区的工作怎么样呀?

......

也还好吧,每天任务量比较适中,非常充实。

新时代啦,我们的工作也在发生变化,和之前不同啦!

前段时间,你跟我说社区工作一点儿都不忙,现在非常忙!

18. 为什么说"三观"一致才能做社区工作?

说说，你想加入我们的原因。

……

他们是在考察你的价值观是否符合……

为什么做社区工作之前还要考察我对事物的喜好，对是非、善恶的看法呀?

小贴士

皮更斯（A.Pincus）和米肯（A.Minahan）认为:"价值观就是一些人视之为对本身是好的、较理想的信念取向或假设。"他们认为对于价值观，严格来说是没有对与错的，只能说是被接受或不被接受。

19. 社区工作者的职业道德是什么？

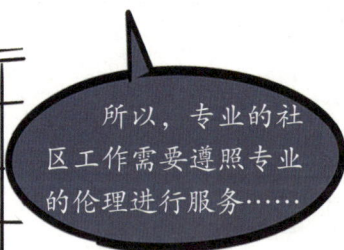

社区工作者的职业道德叫作"专业伦理"……

跟老师和医生一样，专业伦理会限制从业者的不良行为……

所以，专业的社区工作需要遵照专业的伦理进行服务……

小贴士

社区工作的专业伦理是从社区工作专业价值观中推导出来的关于社区工作专业行为的规定。它涉及社区工作者专业行为的公正性、积极性、正确性和规范性，必须与社区工作专业价值观协调一致。

20. 社区工作的专业伦理有哪些功能？

社区工作的专业伦理有4个方面的功能。

功能一：指明社区工作的核心价值观，并为社区工作者的日常工作行为提供具体规范和标准。

功能二：社区工作者在工作过程中遇到某些职责冲突或伦理矛盾时，能够遵循社区工作的专业伦理守则，维护专业原则。

功能三：为社会公众提供理解社区工作专业职责的伦理标准。

功能四：提供一套评价或衡量系统，用于评判社区工作的优劣，尤其用于裁决专业行为的不道德行为。

自从学了专业伦理，我感觉自己处理人际关系甚至纠纷冲突都更得心应手，看待问题也更全面了！

21. 社区工作的专业伦理包含哪些内容？

1. 与服务对象相关的专业伦理
2. 与同事相关的专业伦理
3. 与机构相关的专业伦理
4. 与专业相关的专业伦理
5. 与社会相关的专业伦理

服务对象

同事

社会

专业

机构

22. 社区工作伦理原则的顺序

23. 社区工作怎么做?（三大模式）

社区工作的方法不是一成不变的，针对不同的社区会有不同的方法，具体而言，有以下三大模式。

社区发展模式

社区策划模式

社区照顾模式

24. 如何在居民参与意愿高的社区工作?

社区发展模式

有一种社区,这里的
居民社区参与意愿高。

社区可以实现和谐。

社区内的利益不是对立的。

社区有潜力和资源去解决问题。

问题的成因缺乏沟通,那么这样的社区适合用社区发展模式。

25. 社区发展模式的特点是什么？

关注社区共同问题

关注过程目标

社区发展模式的特点
1. 共同应对社区公共事务
2. 社区内广泛的参与和合作
3. 过程目标重于任务目标

重视居民参与

建立社区自主能力，
共同应对社区公共事务

26. 社区发展模式应该如何实施?

一、社区教育
二、促进居民交流
三、促进邻里团结
四、提供服务和资源
五、动员社区居民参与

社区发展模式的
实施需要分五步走

27. 社区发展模式有哪些优缺点?

优点

一、营造良好社区氛围
二、提高居民能力
三、推进社区民主
四、符合中国文化传统

缺点

一、民主参与成本高,但成效低
二、无法解决资源分配不均的问题
三、调和不同利益群体的手段不足

28. 需要专业人员参与的社区工作模式

社区策划模式

一、依靠专业技术和专家达到社会变迁
二、崇尚理性的方式
三、通过渐变的方式解决社会问题

29. 社区策划模式的特点

一、注重任务目标的实现
二、推动社区自上而下地改变
三、关注社区未来变化

这次的项目我们一定要达到目标!

不要感情用事!

科学的计划执行起来会更高效有用。

这么做,可以为社区创造美好的未来!

30. 社区策划模式的优缺点

优点

一、服务质量有保证
二、效率较高

缺点

一、居民的参与度低
二、服务对象对所提供的服务依赖性增强

用了社区策划模式以后感觉效率变高了……

但是居民的依赖性也更强了！

31. 如何在社区里被照顾得很好？

社区照顾模式

社区照顾模式主要包括：在社区内提供照顾、社区康复、社区支持网络、治疗性社区、社区权益倡议等。这些都与社会福利息息相关。

32. 社区照顾模式的基本假设

33. 社区照顾模式的介入目标

小贴士

　　社区照顾模式的任务目标在于：为社区有需要的人士提供照顾和支援服务。其过程目标在于：建立一个具有关怀性的社区，即弘扬以人为本的社区精神，营造互尊互敬互爱、充满人情味的社区文化氛围，形成社区生活共同体。我们可以把社区照顾模式的介入目标细化为以下几个方面。

　　（1）提高居民社会意识。加强义务参与，建立互助互爱的社区关系，以抗衡个人主义及都市化带来的疏离感和孤立感，增强社区居民的融入意识，促进社区居民互助意识的形成。

　　（2）建立政府机构和社区组织的合作伙伴关系。政府与社群应建立合作伙伴关系，不是以居家照顾来取代院舍照顾，而是把正规服务与非正规服务相结合，以使服务使用者正常地融入社区为服务目标。

　　（3）唤起服务使用者的参与意识。社区照顾应该有意识地培养需要照顾人士的参与意识，鼓励他们表达自己的诉求和意愿以获取社会的理解和支持。

　　（4）迈向人性化社区。要实现上述理想，应该重新认定社区是本位，发扬社区互助精神，迈向人性化且互相尊重、互相关怀的社群生活。这个理想必须由政府加以确认，并提供足够的资源落实和推行才能实现。

34. 社区照顾模式的特点

小贴士

1. 协助服务对象正常地融入社区

以服务对象原来熟悉的、正常化的环境和方式为其提供照顾，纠正机构院舍照顾常见的、服务对象不适应的问题。

2. 强调社区责任

政府、营利机构、非营利机构、志愿组织、社区、家庭、个人等多方面共同承担服务责任。发挥社区支持网络中的正面的社会资本的作用，避免由此引发的社会排斥，通过改善社区环境，提高社区居民的生活质量。

3. 非正式照顾是重要方面

重视初级群体、非正式关系的照顾，注重结合社区中存在的非正式的关系网络和正式网络，为服务对象提供帮助和服务，支援和协助服务对象解决困难。

融入社区　　强调责任　　非正式照顾

35. 社区照顾模式的优缺点

优点

第一，对服务对象人性化的关怀。

第二，动员社区民众参与社区照顾。

第三，促进服务资源整合。

缺点

第一，资源及权力下放可能引发政府责任和角色转变问题。

第二，非正规照顾的服务质量难以保证。

第三，社区对有困难人士的排斥和歧视问题。

36. 如何跟社区居民打交道?

最近社区里的大妈们特别喜欢跟我聊天，顿时觉得工作非常好做。

也有可能是大妈想给你介绍对象。

小贴士

　　社区工作者通过接触社区居民，一方面可以了解社区和社区居民的基本情况；另一方面可以让社区居民了解社区工作者的工作，提高他们对社区工作者的接纳和认可度，为以后建立互信合作的关系打下基础。

37. 在跟居民打交道前要做哪些准备？

为了和年纪小的社区居民打成一片，我整了个时兴发型……

小贴士

（1）选择对象。社区工作者根据访问的目标选择合适的访问对象，如自己接触过的居民、受事件影响的有关人员、特定利益群体的成员，注意按先后顺序进行排列。

（2）选择访问的时间。接触居民的目标和出发点不同、对象不同，访问的时间也有所不同。社区工作者应尽量避免在休息时间、就餐时间打扰访问对象；另外，应该避开节假日、有宗教信仰的人的礼拜日等。

（3）准备话题，引导访问的开始。社区工作者提前准备，从对方的兴趣入手，准备一些话题协助受访者打开"话匣子"，如可以谈论社区周围的环境、天气情况或国内外最近发生的重大事件，避免出现双方因初次见面而无话可说的尴尬局面。

（4）穿着得体。社区工作者要留意社区居民的文化背景，初次接触时，穿着要得体，要给人一种整洁、大方、成熟、可信的印象。

（5）预想可能遇到的问题并找出解决的方法，避免临场阵脚大乱。对社区居民而言，社区工作者是陌生人，他们没有义务牺牲自己的时间来接受社区工作者的访问，拒绝社区工作者也是正常现象，因此，社区工作者无须感到受挫和气馁，应注意总结经验教训。

（6）对前去访问的场所环境有所了解。社区工作者夜间访问要准备手电筒之类的照明设备，找认识的居民带路或与同事结伴而行，等等。

38. 如何向社区的居民介绍自己?

> 我第一天上班，你带我见见社区的居民们吧……

> 别担心，我会陪你一起去，聊聊天就熟悉啦，居民们很健谈的。

小贴士

　　应根据不同的情况和对象，采取不同的自我介绍方式。社区工作者在接触居民时，要尽量找居民的熟人引见，也可以将自己与居民们都很熟悉的、成功的活动联系起来，增强可信度；主动介绍自己的服务机构名称和机构所处的位置，让居民了解自己的来历；对那些持怀疑态度的居民，社区工作者可以出示自己的工作证或其他可以证明自己身份的资料；主动发放一些物品或者活动资料，让居民获益，增强其对社区工作者的信任感；清楚地介绍自己与居民接触的目的，表达自己对他们的关怀及适度地表现自己对居民的兴趣，态度要热情、诚恳、平易近人，保持耐心，语言要通俗易懂。社区工作者切勿与居民发生争论。

39. 如何与社区居民展开话题?

小贴士

在获得居民接纳或未遭到拒绝的情况下，社区工作者要抓住机会，继续交谈，使谈话内容逐步转向正题。当然，在这个时候，社区工作者要尽量避免谈及敏感话题，要提一些比较简单、容易回答的问题，也可以从周围环境或正在发生的事件展开话题，如天气、最近热播的电视剧、国内外新近发生的大事、居民的家居布置等，以拉近彼此的距离。社区工作者在谈话过程中，应该把谈话维持在居民可以理解的水平上，双方对话的层次也可以随着情境、兴趣和彼此的信任程度逐步提升。

40. 如何跟社区居民一直聊?

为什么你总能跟居民们聊很久,但我说不了几句就没话说了。

其实我听得很多,聊得很少,反而可以一直聊下去。

小贴士

在对方的疑虑消除、双方都比较轻松的情况下,社区工作者需要为达到接触或访问目的而维持对话。在这个阶段,社区工作者可以运用聆听、同情心、体谅等技巧。聆听要求社区工作者认真倾听。同情心要求社区工作者超越年龄、民族、性别及家庭背景的差异,走进居民的内心世界,体会居民的感受。体谅要求社区工作者在意居民,顾及居民的情况,为居民着想,如在居民午休或者吃饭的时间不进行入户访问;尽量在预定时间内完成谈话;感谢居民对自己工作的支持和帮助;鼓励居民对社区工作提出意见和建议,表现出对社区居民的一种真心实意的关怀。

41. 如何快速地结束与居民的交谈？

听了你上次教我的技巧我可以跟人家一直聊下去了，但问题是不知道该怎么结束……

哦……

小贴士

一般而言，社区工作者初次接触的时间不宜过长。谈话结束时，社区工作者一要感谢居民牺牲自己的休息时间，为社区工作者提供有益的资料；二要总结刚才的谈话，并给予受访者一些积极反馈；三要留下自己和机构的联系方式，以便进一步同居民联系。社区工作者在完成接触居民这一过程后，一要记录主要资料，如居民的背景和社区网络、居民对所谈事务的反应、热心程度、可动员机会、资源等；二要总结接触是否达到目标及达到目标的程度，回顾和居民谈话的全过程，总结自己在与居民接触过程中的成功之处和失败之处等。

42. 如何挖掘社区"小事"的新闻价值?

小贴士

一、制定媒介策略，发展媒介关系

1.收集传媒工作者的资料。根据自己的工作内容列出清单，与传媒工作者进行初步接洽，介绍自己及所在的社区，给对方留下良好印象。

2.发展与媒体的关系。关系的建立因工作计划、取向、手法、阶段的不同而有所不同。要注意以下几个方面：①了解传媒及其工作者的工作情况；②尽可能采用当面拜访的形式；③主动介绍和宣传自己；④表示对沟通工作的兴趣；⑤听取对方介绍自己的工作及感受；⑥尽可能建立双向互动对称的良好关系。

二、制造媒体事件，吸引传媒报道

媒体事件与自然事件相对应，制造媒体事件是指借助人为的事件来吸引传媒的注意和青睐。社区工作者不仅要注意考虑事件的新闻价值和时效性，还要注意不同媒体的偏好和侧重点，顺势而为。

43. 社区工作者如何动员居民?

快来看一看瞧一瞧，走过路过，机会不要错过……

小贴士

发动居民的方法有以下两种。

第一，直接接触途径。直接接触是指由社区工作者和志愿者与居民接触，是人与人之间的直接接触；如果社区工作者在动员居民之前已经知道居民的姓名和联系方式，则可以通过信件、家访和电话联系等渠道与居民进行直接接触；如果社区工作者没有居民的姓名和联系方式，则可以通过其他方法与居民进行直接接触。

第二，间接动员途径。间接动员是指通过大众传媒、展架、广告、宣传册、海报、横幅等途径将信息传递给居民，无须人与人之间的直接接触。

44. 动员居民的时候有哪些注意事项?

小贴士

第一，要考虑动员居民参与的事务是否已经得到居民的广泛关注。如果社区居民对将要参与的事务已经有所关注，那么简单的宣传和动员就可能引起强烈反响。否则，社区工作者必须先与居民建立深厚的关系，再去推动居民参与。

第二，要考虑动员对象的覆盖范围。如果动员的对象涉及的范围很广，那么展板、广告、街头宣传站、大众媒体等间接发动的方法比较适用，家访等直接接触的方法则不能有效地达到动员最广泛居民的目的。

第三，要考虑动员对象的参与动机。当动员对象的参与动机已经很强烈时，简单的动员方法就可以达到效果。如果动员对象的参与意愿不是很强烈，那么社区工作者需要与他们多进行面对面的接触，逐步加强他们对社区事务的参与感。

45. 社区工作者如何说服居民参与活动?

小贴士

在动员居民时,社区工作者经常会得到对方的消极反应。这时,社区工作者可以适当采用说服居民参与的技巧。

第一,居民以自己能力不够作为理由时的说服技巧。社区工作者可以通过强调熟人参与、互相帮助及成功先例等策略来说服对方。强调熟人参与是向对方指出已经有熟识的邻居参与了社区事务;强调互相帮助是向对方表明,大家在一起互相学习可以取得进步;强调成功先例则是通过举例向对方说明参与社区事务可以提升能力。

第二,居民以自己没有时间作为理由时的说服技巧。如果被动员居民以没有时间作为拒绝参与的理由,那么社区工作者可以通过减少参与的代价来说服对方,如向对方说明参与并不需要太多时间,如果真的抽不出时间,中途也可以退出。

第三,居民因参与人数太少而缺少信心时的说服技巧。有时候被动员的居民会因为目前参与的人数太少而缺乏信心,社区工作者可以用赞赏对方、体谅他人、尽力改变现状、动之以情等策略说服对方。

46. 说服居民参与活动的时候有哪些注意事项？

47. 如何召开居民会议?

会议通常分为会前准备、会中、会后促进和行动4个步骤。

会议主持的技巧包括善于聆听、友善地提问和邀请发言,注意澄清和引导、保证围绕会议主题、善于综合和集中信息、把握会议进程,多用赞美和鼓励的话语与中肯的评价、恰到好处地运用身体语言,善于把握和调控会议时间,不拖延等。

48. 如何培训社区骨干？

听说您退休之前做过主持人，这次活动想请您……

好多年没碰了，感觉心里没有底……

没有关系，万事开头难嘛，我对您有信心。

小贴士

　　社区工作者在培训社区骨干时，应注意以下技巧：鼓励参与、给予鼓励和肯定，宣传当家作主的精神、建立民主的领导氛围和精神，不断为社区骨干提供学习的机会、培养其从检讨中学习改进的习惯，培养社区骨干权责分工的意识，秉持理性讨论精神、树立充分沟通和尊重少数的领导作风。

49. 什么是思想政治工作方法?

小贴士

　　思想政治工作方法是我们党的优良传统，长期的实践证明，这种方法非常有效。社区工作者要学会思想政治工作方法，深入宣传党的路线、方针、政策，加强社会主义精神文明建设，坚定居民的理想信仰，深入开展国情教育活动和形势政策宣讲。在加强和改进思想政治工作中，注重人文关怀和心理疏导，培育自尊自信、理性平和、积极向上的社会心态。

50. 什么是群众工作方法?

今天我是学生，我要向诸位学习。

一、牢固树立群众观点
二、从群众中来的方法
三、到群众中去的方法
四、从个别到一般的方法
五、深入了解居民需求

小贴士

习近平总书记在十八届中共中央政治局第一次集体学习时的讲话中强调："我们要适应新形势下群众工作新特点新要求，深入做好组织群众、宣传群众、教育群众、服务群众工作，虚心向群众学习，诚心接受群众监督，始终植根人民、造福人民，始终保持党同人民群众的血肉联系，始终与人民心连心、同呼吸、共命运。"群众路线是党的根本工作路线，在社区工作中要充分运用群众工作方法。

51. 什么是人民调解工作方法?

有话好好说，您先别着急，他可能不是故意的……

小贴士

　　人民调解是一项具有中国特色、被《中华人民共和国宪法》确认的法律制度，是在依法设立的人民调解委员会的主持下，以国家的法律、法规、规章、政策和社会公德为依据，对民间纠纷当事人进行说服教育、规劝疏导，促使纠纷各方互谅互让、平等协商、自愿达成协议、消除纷争的一种群众自治活动。要针对社会治理中的热点、重点和难点问题，进行经常性的分析排查，建立矛盾纠纷滚动排查机制，按照"属地管理""谁主管谁负责"原则，把社会矛盾纠纷排查化解工作落实到基层，对排查发现的问题，加强分析研判，明确责任主体，及时有效化解。加强人民调解、行政调解、司法调解有效对接，综合运用法律、政策、经济、行政等手段和教育、协商、疏导等方法，及时有效地把矛盾化解在基层。要积极组织人民调解员开展各类矛盾纠纷排查活动，对社会矛盾展开经常性排查，对热点、难点问题予以集中排查，对突发性事件进行专题排查，做到边排查、边调解、边疏导。通过对纠纷当事人进行说服教育、规劝疏导，消除纷争。充分发挥人民调解贴近群众、覆盖广泛的优势，实现化解纠纷、预防犯罪的职能。

52. 什么是社区组织?

> 每个社区都有一种社区组织，你猜是什么?

> 肯定是广场舞的队伍!

小贴士

社区居民是社区发展的能动因素和主体。在日常生活中，社区居民通常结成一定的组织参与社区活动。因此，社区组织就成为支撑社区发展的重要的组织形式。社区中的居民组织名目繁多、功能多样、相互关联，共同构成了复杂、动态的社区组织系统。作为社会组织的一种，社区组织具有社会组织的所有特点，同时从社会工作的角度看，社区组织又是社区工作的重要方法。

53. 什么是业主委员会?

今天我们讨论一下业主们关心的议题……

小贴士

  业主委员会是一个新兴的社区组织,是随着我国城市住房制度改革的深入而产生的。在社区内,业主委员会是物业管理市场需求的主体,是维护业主权利的主要机构。业主就是指"物业的主人",即物业所有权人。业主委员会受全体业主和非业主使用人委托,旨在维护业主和非业主使用人的合法权益,反映其意愿和要求,支持、配合、监督物业管理公司的工作,共同创造一个良好的生活环境和工作环境。按规定,业主委员会由业主大会或业主代表大会选举产生,每届任期2~3年。业主委员会成员由业主或非业主使用人担任,一般由5~15人组成,设立主任1名,副主任2~3名,可以连选连任。业主委员会的主任和副主任在委员中选举产生。

54. 什么是志愿者组织?

这是我唯一不介意撞衫的时刻!

小贴士

　　志愿者组织是指以志愿服务为主的群众性自治组织，其主要任务是发动和组织志愿者提供定期的、无偿的公益服务，如帮助、照顾老年人，协助维护社区治安，美化、绿化社区环境等。志愿者组织的特点是无偿性、定期性和自治性，是现代文明的一个重要体现。社区志愿者在社区工作中是重要的力量和积极参与者。居民志愿者、党员志愿者、青年志愿者等各种类型的志愿组织纷纷成立，参加社区活动和社会服务。有些义工组织与社会工作组织形成了"义工＋社工两工联动"机制，更好地为居民提供专业服务和志愿服务。

55. 什么是文化体育兴趣组织?

×× 社区阅读小组

正是因为大家有共同的兴趣爱好，所以才聚在了一起！

小贴士

　　文化体育兴趣组织主要是指社区居民围绕文化活动、个人兴趣、体育锻炼健身等共同爱好，自主组建的自治组织。在每个社区几乎都有这样的组织或社团。该类组织为居民提供了很好的交友、互助、娱乐、健身的机会，同时社区居民也可以通过它们参与不同的社会生活，从而增强对社区的认同感和凝聚力。比如，一个新的商品房小区组织了老年人的歌咏会，老年人积极参与，互相认识，彼此开始交往，这对老年人的精神生活大有益处。

56. 什么是社会工作服务机构？

小贴士

　　该机构是以社会工作专业人才为主体，坚持"助人自助"宗旨，遵循社会工作专业伦理规范，综合运用社会工作专业知识、方法和技能，开展困难救助、矛盾调处、权益维护、人文关怀、心理疏导、行为矫治、关系调适、资源链接等服务的民办非企业单位。社会工作服务机构是社会工作专业人才发挥作用的重要平台，是整合社会工作资源、提供社会工作服务的重要载体，是承接政府社会服务职能的重要依托。发展社会工作服务机构，对于加强现代社会组织建设、促进政府职能转变、引导社会力量有序参与社会治理、建立健全社会服务体系，具有十分重要的意义。成立社会工作服务机构应当符合《民办非企业单位登记管理暂行条例》规定的条件，专职工作人员中应有三分之一以上取得社会工作者职业水平证书或社会工作专业本科及以上学历，章程中应明确社会工作服务宗旨、范围和方式。截至2023年，全国有社会工作服务机构近1.9万家。这些社会工作服务机构的社会工作者与社区、社会组织、社区志愿者、社区公益慈善资源形成"五社联动"机制，充分发挥了资源补充作用，提高了社区服务质量。

57. 什么是社区服务？

小贴士

　　服务是指为他人做事，并使他人从中受益的一种有偿或无偿的活动，其不以实物形式而以提供劳动的形式满足他人某种特殊需要。孙中山在《民权主义》第三讲中指出："人人应该以服务为目的，不当以夺取为目的。"社区服务是指政府、社区居民委员会以及其他各方力量直接为社区成员提供的公共服务和其他物质、文化、生活等方面的服务。

58. 社区服务有什么特点？

（一）区域性

以城区、街道和社区居民委员会为依托，在一定的地域范围内开展。

（二）福利性

属于公益事业，是社会福利事业的深化和发展，不以营利为目的，而是把社会效益放在首位。

（三）群众性

居民群众是主体，在社区范围内，人人都是服务对象，人人又都是服务者。

（四）互助性

主要依靠社区居民群众自助互助，发挥各自专长和优势，解决社区自身问题。

（五）服务性

以便民利民服务为宗旨，解决社区成员的实际困难和问题。

（六）综合性

涉及各级、各部门、各社区成员，是一项系统工程。

59. 社区服务的目标任务是什么?

（一）合理配置社区服务设施

（二）优化社区服务内容

（三）壮大社区服务队伍

（四）完善社区服务体制机制

60. 社区服务的主要原则是什么？

（一）以人为本，服务居民

（二）政府主导，社会参与

（三）资源整合，共建共享

（四）因地制宜，分类指导

61. 什么是社区公共服务?

（一）社区保障救助服务

（二）社区法律治安服务

（三）社区卫生服务

（四）社区科教文体服务

62. 什么是商业和便民服务？

社区商业服务是以社区范围内的居民为服务对象，以满足和促进居民综合消费为目的的服务。社区便民利民服务项目较多、范围很广，宗旨是方便居民生活，缓解居民在衣、食、住、行以至学习、娱乐等各方面的难题，使他们能够安居乐业。

（一）商贸服务业。推动便利消费进社区、便民服务进家庭，鼓励和支持各类组织、企业和个人兴办居民服务业，重点发展社区居民购物、餐饮、维修、再生资源回收等服务业，培育新型服务业态和服务品牌，初步建立规划合理、结构均衡、竞争有序的社区商业体系。

（二）家庭服务业。统筹家庭服务业发展，支持大中型家庭服务企业通过连锁经营等方式到社区设立便民站点，提高社区服务质量。

（三）社区物业服务。完善物业管理工作机制，健全市场监管体系，规范准入机制，形成公开公平公正的物业服务市场秩序。

老人家，我想了解一下您平时出行有什么不方便的地方吗？

63. 什么是志愿服务？

（一）壮大志愿服务队伍
（二）加强志愿服务管理
（三）动员驻社区单位参与

64. 什么是社区服务的四项重点工程?

（一）社区综合服务站建设工程

（二）社区服务信息化建设工程

（三）社区服务人才队伍建设工程

（四）社区生活服务业促进工程

65. 社区服务有哪些主体?

66.什么是社区卫生服务?

小贴士

社区卫生服务是社区服务中最基本、最普遍的服务,是以全科医生为主要卫生人力的卫生组织或机构所提供的一种社区定向的卫生服务。这与医院定向的专科服务有所不同,它是社区(发展)建设的重要组成部分,是在政府领导、社会参与、上级卫生机构指导下,以基层卫生机构为主体、全科医师为骨干,合理使用卫生资源和适宜技术,以人的健康为中心,以家庭为单位、社区为范围、需求为导向,以妇女、儿童、老年人、慢性病患者、残疾人、低收入居民为重点,以解决社区主要卫生问题、满足基本医疗卫生服务需求为目的,融预防、医疗、保健、康复、健康教育和优生优育、积极生育等为一体的,有效的、经济的、方便的、综合的、连续的基层卫生服务。

67. 什么是文明社区创建?

小贴士

　　文明社区创建是指在传统社区的基础上, 将文明作为社区创建的宗旨, 即在社区建设、社区治理、社区服务、社区精神方面贯彻文明理念, 使之成为环境优美、卫生清洁、服务周到、居民道德高尚、适合生存和发展的人类居住地。随着经济社会的发展, 文明社区创建工作逐步受到重视, 其内涵日益丰富, 已经成为提高市民素质和城市文明程度的主要环节, 也是衡量城市精神文明建设水平的一个重要标准。

68. 什么是文明社区创建的工作重点?

（一）完善公共设施
（二）优化生态环境
（三）提高市民素质
（四）打造经济实业
（五）拓展社区服务
（六）培育社区文化
（七）强化安全秩序
（八）改善人际关系
（九）创新管理模式

69.创建文明社区存在哪些主要问题及原因?

从文明社区创建现实状况来看,主要存在以下7个"不"。

(一)思想认识不到位

(二)居民参与热情不高

(三)社区人才和居民素质不高

(四)经费投入不足

(五)政府提供服务不全

(六)基层居委会职能不顺

(七)社区文明发展整体不平衡

70. 什么是社区信息化建设?

我看我们社区信息化建设搞得挺好的嘛……

对呀，网络群里消息通知还是很及时的。

小贴士

2012 年 10 月，国家公布了《国家智慧城市试点暂行管理办法》和《国家智慧城市（区、镇）试点指标体系（试行）》两个文件，自上而下助力智慧城市、智慧社区加速发展。社区信息化正是充分运用信息科技手段，在城镇和农村地区，以做好社区治理和社区服务为主要目标和基本内容，建立一个有社区居民和社区组织参与的、联通社会服务的基础公共平台，以实现邻里沟通、社区对话、协商解决公共事务、共同规划社区发展；通过有组织的公共参与和公众监督，促使公共决策更趋合理，促使公共服务和商业服务更人性化、便利、实用、安全，不断提高居民生活质量，增强社会凝聚力。

71. 谁是社区工作者?

社区党组织成员

居民委员会成员

社区专职工作人员

小贴士

　　社区工作者是在社区从事党建、治理、服务工作的全日制专职工作人员，主要包括社区党组织成员、社区居民委员会成员中的专职人员和社区专职工作人员。

72. 社区工作者有哪些工作任务？

（一）服务提供
（二）政策执行
（三）居民组织
（四）维护权益
（五）利益调解
（六）公众教育

73. 社区工作者的工作原则是什么？

（一）法治治理原则

（二）专业化管理原则

（三）渐进创新原则

（四）系统管理原则

社区事务跟我有什么关系？

社区事务跟我有什么关系？

那是你家着火了……

快去帮忙！

74. 社区工作者队伍应该具备什么能力？

（一）需求调查的能力
（二）宣传、策划、组织社区活动的能力
（三）与居民沟通的能力
（四）发现并整合社区资源优势的能力
（五）处理社区矛盾的能力
（六）社区文书写作能力
（七）创新能力
（八）应变能力

75. 社区工作者队伍应该具备什么素质？

（一）政治素质
（二）职业道德素质
（三）知识素质
（四）公共精神
（五）身心素质